小さな
ラテン語
図鑑

Libellus Linguae Latinae
Imaginibus Ornatus

三才ブックス

はじめに

本書を手に取ってくださった方の中には、
ラテン語とはどんな言葉なのか、あまりわからない。けれど、なんとなく興味がある。
という方が多いのではないでしょうか。

フランス語やスペイン語のルーツになったと聞けば、ぐっと身近な存在になりませんか?

まだ遠い?
では、ラテン語は英語とも関係が深いという事実を聞くとどうでしょう?
それどころか、日本語のカタカナ語になっているラテン語でさえあるのです。

本書をお読みいただければ、ラテン語のDNAが至るところに息づいていることを感じていただけると思います。

不思議で魅力的なラテン語の世界へ、一歩、踏み出してみましょう!

もくじ

2　はじめに
6　本書の見方
7　INTRODUCTIO　ラテン語の成り立ちと現在

Capitulum I　身近な英単語の語源

16　armor
18　access
19　alien
20　anniversary
21　adrenaline／airport
22　bicycle
24　base
25　bonus／bottle
26　candle
28　calendar
29　card
30　citizen
31　cross／culture
32　don
34　diary
35　digital
36　data／dictionary
37　doctor／double
38　ego
40　emperor
41　education／equal
42　fortune
44　family
45　forum
46　future
47　fascism／fruit

48　gladiator
50　grace
51　generation／grand
52　homunculus
54　hour／human
55　コラム01　星座と星の名前
58　illusion
60　illumination
61　infrastructure／intern
62　justice
64　legend
66　labor
67　liberal／local
68　monster
70　marine
71　mirror
72　manual／memory
73　menu／motor
74　nature
76　navigation
77　necessary／nihil
78　office
80　omnibus
81　oil／option
82　passion
84　peace

もくじ

85	pest	102	siren
86	pound	103	salad ／ science
87	parent ／ people	104	tempo
88	quiet	105	unique
90	requiem	106	victory
92	recipe	108	versus
93	referee ／ romantic	109	via
94	コラム 02	110	very ／ vitamin
	キリスト教のラテン語	111	zephyr
98	September	112	zodiac ／ zone
100	senior	113	コラム 03
101	sign		ローマ神話の神様の名前

Capitulum II　フィクションの世界

116	Expecto patronum	136	Thermae Romae
118	Bellatrix	138	Kamex ／ Matrix
119	Expelliarmus ／ Stupefy	139	Optimus ／ Spectre
120	Furiosa	140	コラム 04　古代ローマの偉人
122	Omen	142	Campanella
124	E.T.	144	Dracula
126	Ultraman	146	Lucifer
128	Atom	148	Nemo
130	Evangelion	150	Tempest
132	Magica	151	Quo Vadis? ／ Utopia
134	Saint	152	コラム 05　ラテン語由来の武器

Capitulum III　企業や商品の名前

156	AEON	166	Lacryma Christi
158	Audi	168	Lotus
160	Canon	170	mercari
162	Excelsior	172	Nautica
164	Juventus	174	Nexus

176 Oracle	183 Metallica／Resona
178 Prius	184 コラム06
180 SONY	ファッションのラテン語
182 Sprite	

Capitulum IV　ラテン語由来の動植物

188 animal	200 insect
190 lion	201 mantis／mosquito
192 panther	202 flower
193 squirrel	203 salvia
194 mouse／serpent	204 lily／rose
195 grampus	205 violet／peach
196 falcon	206 bifidobacterium bifidum
197 penguin	207 planaria
198 albatross／ibis	208 コラム07
199 salamander	ラテン語は学名に使われる

Capitulum V　エトセトラ

212 ruby	222 corpus／nerve
214 lapis lazuli(lazrite)	223 nose／stomach
215 garnet／mineral	224 Argentina
216 aurora	226 Milano
218 halo	227 Ecuador／Greece
219 cirrus／eclipse	228 コラム08　ラテン語の名句
220 face	

232 おわりに	
234 監修プロフィール	
235 参考文献	
236 作品情報	
239 写真クレジット	

〈メモ〉

「その他いろいろ」「など」という意味で使われるエトセトラ（et cetera）は、ラテン語です。英語に直訳すると「and the rest」となります。

本書の見方

見出し語とその読み、意味です。

見出し語のルーツとなったラテン語と読み、意味です。また、その意味を英語にした場合や、英語の関連語句・派生語句もあわせて紹介しています。

見出し語あるいはルーツのラテン語と関わりのある絵画作品や写真です。作品の制作年や収蔵館は、P.236〜238で紹介しています。

【パラス・アテナ】（部分）
クリムト

見出し語
▶ armor
アーマー
鎧兜（よろいかぶと）

ルーツのラテン語
arma

読み：アルマ
意味：道具、武器、戦争、兵力、軍隊
英訳：arms（武器）
派生語句：① army（軍隊、大群）、② armory（武器庫）、③ armadillo（アルマジロ）

道具をあらわすことばが、やがて武器に

ラテン語のarmaは「道具」を意味します。この「道具」には、農具や工具といった日常生活に必要なものだけではなく、戦争のための道具、つまり武器も含まれます。
またarmaには、武器を使って行われる「戦争」や、戦争に必要な「兵力」「軍隊」という意味もあります。これは英語においても同様で、armaにあたる英語armsには、武器のほかに戦争や兵力の意味があります。
かつて戦争には、相手を攻撃する武器のほかに、身を守るための丈夫な鎧や甲冑も必要不可欠でした。人気のスポーツ用品メーカー「アンダーアーマー」でおなじみの「アーマー（armour）」は英語で「鎧兜」を意味します。これも、ラテン語のarmaから派生した言葉で、ラテン語ではarmaturaといいます。

ギリシャ神話の知恵の女神アテナは戦争の女神でもあります。その為、鎧姿を身にまとっています。

ラテン語が英語になった背景や経緯だけでなく、ラテン語をめぐるトリビアなどを紹介しています。

- 本書は、身近な言葉を通して、ラテン語が意外に身近にあることを知っていただくことを目的とした、ラテン語の「超」導入書です。ラテン語の学習書ではないため、ラテン語の文法や発音などについての解説は、あまりしていません。
- 取り上げたラテン語のほとんどは「古典ラテン語」です。「初期ラテン語」「中世ラテン語」などのときには、できるだけその旨を明記しています。
- ラテン語の読みは古典ラテン語のもっとも標準的な読み方としていますが、人名、地名などの固有名詞については、日本で一般的に知られている表記とします。

ラテン語の成り立ちと現在

ラテン語は文字を持たない
一地域の言葉でしかなかった

　ラテン語が生まれた場所は、イタリア中西部（現在のローマとその周辺）で、ラティウム地方と呼ばれています。この地方には、古くからラテン人(Latini)が住んでおり、ラテン語(Lingua Latina)を話していました。ラテン語は、ローマ誕生以前から使われていた、とても古い言葉です。

　このラティウム地方を流れるティベリス川（現在のテヴェレ川）のほとりに、ローマが建国されます。伝承によれば、トロイアの英雄アエネアスの血を引くロムルスが紀元前753年にこの地を征服し、王となったとされています。ローマの名は、このロムルスに由来しています。その後、ローマは七人の王により200年にわたり統治されたと伝えられていますが、王政時代のローマは小さな都市国家にすぎず、ラテン語も洗練された言語とはいえませんでした。

　このローマの発展に大いに貢献したのが、エトルリア人です。彼らは、ローマ北方に住む異なる系統の民族で、豊かな文化を誇っていました。ある時期にはエトルリア人がローマの王であったという伝承もあるほどローマとの関係は深く、このエトルリアがローマの発展をうながすことになりました。

　この発展にともない、ラテン語も大きく進歩していきます。なによりも大きいのは、文字が生まれたことでしょう。ローマ人たちは、周辺地域に居住するギリシャ人やエトルリア人たちの文字を取り入れ、独自の文字をつくり出していきました。これが、現在のヨーロッパの文字のもとになるローマ字（Litterae Romanae）です。

INTRODUCTIO

ローマ発祥の地とされるパラティーノ(Mons Palatinus)の丘。かつてロムルスの宮殿があったという伝承があり、また、初代皇帝アウグストゥスも宮殿を建てました。Palatinusは英語のpalace(宮殿)の語源になりました。

イタリアのラツィオ州にある2つの都市、チェルヴェーテリとタルクイーニア近郊に残るエトルリア人の墓地遺跡。世界遺産に登録されています。写真は、モンテロッツィの墓地に描かれたフレスコ画。

古代ローマが勢力拡大してギリシャと接触
その影響でラテン語が洗練されていった

　紀元前6世紀、クーデターで王が追放され、ローマは共和政に移行します。この頃、イタリア半島南部にはギリシャの、シチリアにはフェニキアの植民市があり、ローマ人はこういった先進的な地域から文化を吸収していました。

　紀元前4世紀になると、ローマは周辺のエトルリア諸都市を支配下におさめるなど次第に勢力を拡大していき、紀元前3世紀頃までには、イタリア半島のギリシャ諸都市も含めて、半島全土がローマの支配下に入ることになりました。

　このような勢力の拡大は、文化的にも大きな発展をもたらしました。すなわち、ギリシャ文化との接触です。ラテン語は、ギリシャの高度な学問や文芸の影響を直接受けるようになっていきます。ギリシャの文学作品の影響を受けたラテン語の作品がつくられたという記録があらわれるのも、この頃です。

　この時期のラテン語は「初期ラテン語」と呼ばれますが、この時期以降、ラテン語は、ギリシャの文学や哲学、科学に触れることで、豊かな語彙を獲得していくことになります。ラテン語とギリシャ語は、同じインド・ヨーロッパ語族の中でも系統が異なりますが、ラテン語にギリシャ語起源の単語が多いのは、この過程の名残といえます。

イタリア南部のギリシャ植民市を「マグナ・グラエキア（Magna Graecia）」と総称しました。写真は植民市の1つ、タレントゥム（現在のターラント）に残るギリシャ時代の遺跡。

INTRODUCTIO

ラテン語文学の傑作が続々と誕生
いまに息づく「古典ラテン語」が整っていく

共和政ローマでは、カエサルの独裁政権を経て、紀元前27年にオクタウィアヌス（アウグストゥス）が皇帝に即位。帝政ローマがはじまります。

共和政から帝政初期にかけてのローマは、ラテン語文学が発展を遂げ、黄金時代を迎えた時期でもありました。たとえば、共和政ローマでは、カエサルが『ガリア戦記』をあらわしています。また、キケロは『国家論』などを残し、ラテン語散文の完成者ともいわれます。

帝政期になると、現在も読み継がれるラテン語文学の作品が誕生します。ウェルギリウスの叙事詩『アエネイス』、オウィディウスの『変身物語』、ホラティウスの『抒情詩集』、ティトゥス・リウィウスの『ローマ建国史』などです。

この黄金時代に続いて、ラテン語文学には白銀時代が訪れます。代表的な作品として、ストア派哲学者セネカの『人生の短さについて』、小説家ペトロニウスの『サテュリコン』、アプレイウスの『黄金のろば』、歴史家タキトゥスの『ゲルマニア』を挙げることができます。

このような古典作品が生まれた黄金時代・白銀時代のラテン語を、「古典ラテン語」といいます。古典ラテン語は、その後、時代の要請に応えながら多少の変化はしつつも、脈々と受け継がれています。現代人が「ラテン語を学ぶ」というときに一般的に指すのは、この古典ラテン語です。

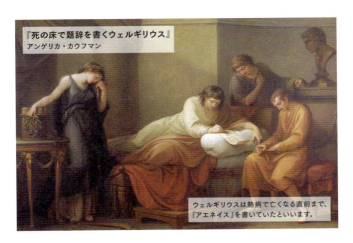

『死の床で題辞を書くウェルギリウス』
アンゲリカ・カウフマン

ウェルギリウスは熱病で亡くなる直前まで、『アエネイス』を書いていたといいます。

『セネカの死』
ジョルダーノ

セネカは皇帝ネロの師でしたが、陰謀を謀ったかどでネロに自殺を命じられました。

INTRODUCTIO

キリスト教公認や聖書のラテン語訳を経て
ラテン語がカトリック教会の公用語に

　キリスト教は、ローマ支配下のパレスチナで、ユダヤ教をルーツにして生まれました。教祖イエスと信徒たちは、ユダヤ教徒たちやローマ人に迫害されますが、イエスの処刑後、使徒たちの布教活動により、教えが次第に地中海世界に広まっていきました。紀元1～2世紀にかけて、さまざまなキリスト教文書がギリシャ語で書かれ、のちに『新約聖書』としてまとめられることになります。

　肩身が狭い思いをしながらも、キリスト教は、ローマ帝国や支配地域の下層民だけでなく、貴族や支配者階級にも信者を増やしていきます。そして、ローマ帝国のコンスタンティヌス帝が313年にミラノ勅令を発して、キリスト教を公認。そんな中、395年にローマ帝国は東西に分裂します。

　このような背景があり、4世紀末に聖書のラテン語訳に携わったのが、ヒエロニムスです。訳された聖書は「ウルガータ（Vulgata）」と呼ばれ、のちにラテン語聖書の公式版となります。

　ヨーロッパが古代から中世に移り変わる原因のひとつとなったのが、このようなキリスト教化であり、それにともない<u>ラテン語もキリスト教の強い影響を受けて変化</u>していきました。この時代のラテン語は「後期ラテン語」と呼ばれています。キリスト教化の時代を経て、ヨーロッパは次第に本格的な中世に突入します。一般的にヨーロッパの中世は、西ローマ帝国が衰退していく5世紀頃から、16世紀のルネサンス、宗教改革の時代くらいまでとされています。

　この中世のどこかの時期に、民衆が話していたラテン語（俗ラテン語）からイタリア語やスペイン語などが発生し、それぞれの地域で生活言語として定着していきました。その間、<u>ラテン語はカトリック教会の公用語</u>として生き続けました。聖職者は普段は母国語で会話していて、いわば職業上の言語としてラテン語を用いていたのです。そのため、母国語との混交が起こり、地域ごとに新たな語彙が生まれました。この時期のラテン語を「中世ラテン語」といいます。

15世紀、活版印刷を発明したグーテンベルクは、「ウルガータ」を西洋初の印刷聖書（「グーテンベルク聖書」）として発行しました。

INTRODUCTIO

科学や哲学の分野で重用
ラテン語は各国語に息づいている

　16世紀のルネサンスにおいては、各国語の地位が向上し、学術書や文学作品が作者の母国語で書かれるようになりました。たとえばダンテはイタリア語のトスカーナ方言で『神曲』を書き、ルターは聖書をドイツ語に翻訳しています。

　しかし、このような逆境にあっても、ラテン語は廃れませんでした。たとえば、**学問の世界では、近代になってからもラテン語が必要**とされ、ガリレオ、ケプラー、ニュートンなどの科学者や、デカルトなどの哲学者が、ラテン語の著書を残しています。

　また文学者も、母国語で作品を書く一方、ラテン語でも著作をあらわしています。たとえば17世紀のミルトンや19世紀のランボーやボードレールなどが、ラテン語で詩をいくつか書きました。

　現代においてはどうでしょうか？　ラテン語は、ヨーロッパの教養の基盤ですから、現在でも欧米の大学ではラテン語が教えられていますし、オックスフォード大学などのように、入学式などの行事をラテン語で執り行う大学も残っています。また、中学や高校の教育にも、ラテン語を学ぶ長い伝統があります。いまでも、ラテン語を必修科目とする学校があるほどです。

　そしてなにより、人々がふだん使っている言葉に、ラテン語が息づいていることを忘れてはなりません。ラテン語をルーツにもつイタリア語やスペイン語、ポルトガル語、フランス語だけではなく、**英語にもラテン語の影響は色濃く残っている**のです。ラテン語はいまも、生き続けています。

Capitulum
I

身近な英単語の語源

英単語

▶ armor

アーマー
鎧兜(よろいかぶと)

001

Capitulum I

身近な英単語の語源

ルーツのラテン語

arma

読み：アルマ
意味：道具、武器、戦争、兵力、軍隊
英語：arms(武器)
関連語句：① army(軍隊、大群)、② armory(武器庫)、
　　　　　③ armadillo(アルマジロ)

道具をあらわすことばが、やがて武器に

　ラテン語のarmaは「道具」を意味します。この「道具」には、農具や工具といった日常生活に必要なものだけではなく、戦争のための道具、つまり武器も含まれます。

　またarmaには、武器を使って行われる「戦争」や、戦争に必要な「兵力」「軍隊」という意味もあります。これは英語においても同様で、armaにあたる英語armsにも、武器のほかに戦争や兵力の意味があります。

　かつて戦争には、相手を攻撃する武器のほかに、身を守るための丈夫な鎧や兜が必要不可欠でした。人気のスポーツ用品メーカー「アンダーアーマー」でおなじみの「アーマー(armour)」は英語で「鎧兜」を意味します。これも、ラテン語のarmaから派生した言葉で、ラテン語でarmaturaといいます。

『パラス・アテナ』（部分）
クリムト

ギリシャ神話の知恵の女神アテナ
は争いの女神でもあります。その
ため、鎧兜を身にまとっています。

17

英単語

▶ access

アクセス
接近方法、近づくこと

002

Capitulum I 身近な英単語の語源

ルーツのラテン語

cedo

読み：ケードー
意味：行く、移る、帰する
英語：go（行く）
関連語句：① accessory（アクセサリー）、
② ancestor（先祖）

メモ

cedoに接頭語のad-がついてaccedo（近づく、さらに加わる）に。英語のaccessoryもここからきています。

『生と死』
アロセニウス

人生を謳歌する「生」の背後から、鎌を持った目隠しの「死」がひっそりと近づきます。

英単語

▶ alien

エイリアン
外国人、よそ者、異星人

003

ルーツのラテン語

alius

読み：アリウス
意味：ほかの、別の、異なった
英語：other(ほかの)、alter(第2の)
関連語句：① alias(別名)、
　　　　　② alibi(アリバイ)

メモ

alius に ibi(そこに)がついて alibi(別の場所に)という意味になります。これが、アリバイの由来です。

「ジョン・ミルトン『失楽園』の挿絵」（部分）
ドレ

「失楽園」には、「異界(alien worlds)」という表現があります。

英単語

▶ anniversary

アニバーサリー

記念日

004

Capitulum I 身近な英単語の語源

ルーツのラテン語

annus

読み：アンヌス
意味：年、時期
英語：year(年)
関連語句：①annual(一年の)、
②annuity(年金)

メモ

annus に verto (めぐる) が加わって、anniversary になりました。記念日は毎年やってきます。

『羊飼いの礼拝』
ムリーリョ

イエスが誕生した12月25日は、キリスト教徒にとって大切な記念日です。

英単語

▶ **adrenaline**

アドレナリン
アドレナリン（ホルモンの一種）

005

ルーツのラテン語

ad/renes

読み：アド／レーネース
意味：〜の近くに／腎臓
英語：near(近くに)／kidney(腎臓)
関連語句：① address(住所)

メモ
アドレナリンは1901年に日本人が発見した副腎ホルモン。語頭にadrenがつくと、副腎をあらわす医学用語になります。

英単語

▶ **airport**

エアポート
空港

006

ルーツのラテン語

aer/portus

読み：アーエール／ポルトゥス
意味：空気／港
英語：air(空気)／port(港)
関連語句：① airline(航空会社)／① passport(旅券)

21

英単語

▶ bicycle

バイスクル
自転車

007

Capitulum I

身近な英単語の語源

ルーツのラテン語

bi

読み：ビ
意味：2つの、2倍の
英語：bi(接頭語で双、複)
関連語句：① biathlon(スキー競技のバイアスロン)、
　　　　　② bilingual(二ヶ国語話者)

2つの古典語が組み合わせられた単語

bi- はもともとラテン語由来の接頭語で、「2つの」「2倍の」をあらわします。biはそのまま英語の接頭語としても使われていて、bicycle(自転車)もその1つです。なお、bicycleのcycleの語源はギリシャ語のキュクロスに由来するラテン語cyclus で、「輪」を意味します。ラテン語とギリシャ語が組み合わされていますが、日本語にすると2つの輪、つまり二輪車＝自転車になるわけです。

bi がつく英語には、biathlon(クロスカントリースキーと射撃を組み合わせたスキー競技)やbilingual(バイリンガル)、bisexual(バイセクシャル)など、日本語としてもよく通用するもののほか、bicolor(2つの色をもつ)、biannual(2年ごとの)などがあります。また、biscuit(薄焼きパン、ビスケット)のbis(二度)はbiと関連する数副詞で、「二度焼かれたもの」という意味です。

22

『ブーローニュの森の自転車小屋』
ベロー

19世紀末から20世紀初頭のベル・エポックの時代に、自転車が普及しました。

英単語

▶ base

ベース
土台、基礎、基地

008

Capitulum I 身近な英単語の語源

ルーツのラテン語

basis

読み：バシス
意味：台座、(三角形の)底辺
英語：base(土台、基礎、基地)
関連語句：① basic(基礎の)、② baseball(野球)

クイリナーレ宮殿（ローマ）の天井の装飾
ジャンニ・フェリーチェ

黄金の勝利の女神像が立つ台座には、ラテン語でPACE（平和に）と刻まれています。

英単語

▶ **bonus**

ボーナス
特別手当、賞与

009

ルーツのラテン語

bonus

読み：ボヌス
意味：よい、有効な、有能な
英語：good（よい）
関連語句：① bonny（美しい）

メモ

18世紀くらいから「賞与」「ボーナス」の意味で使われるようになりましたが、その理由は定かではありません。

英単語

▶ **bottle**

ボトル
びん

010

ルーツのラテン語

buttis

読み：ブッティス
意味：たる
英語：barrel（たる）
関連語句：なし

メモ

buttis は古典期に使われていたラテン語ではなく、中世から使われるようになった「中世ラテン語」です。

英単語

▶ candle

キャンドル
ロウソク

011

Capitulum I
身近な英単語の語源

ルーツのラテン語

candidus

読み：カンディドゥス
意味：白い、（声が）澄んだ、明快な
英語：clear(明快な)
関連語句：①chandelier(シャンデリア)、②candidate(候補者)、③candid(率直な)

「白さ」は公明正大の証だった

　暗闇を照らす道具として欠かせないロウソク。一説には、古代エジプトやギリシャが起源といわれています。ロウソクをラテン語では、candelaといいます（獣脂ロウソク）。candelaとcandor(白さ、明快さ)、candidus(白い、明快な)は、いずれも動詞candeo(白く輝く)から派生したと考えられます。

　candidusには面白いエピソードがあります。古代ローマでは、公職に就く者は選挙で選ばれていました。候補者が着用していたのが、「白いトガ(toga candida)」。トガとはローマ市民の正装です。白い布をさらに漂白した輝くばかりの白を身にまとうことで、候補者は市民に公明正大さをアピールしていたのでしょう。選挙で選ばれる立場にある人は、ローマの伝統にならい、立候補をする前に襟を正してほしいものです。

『妻に嘲笑されるヨブ』
ラ・トゥール

ラ・トゥールは、ロウソクを使って光と陰をたくみに表現した作品で知られるフランスの画家です。

英単語
▶ **calendar**
カレンダー
カレンダー、暦

012

Capitulum I 身近な英単語の語源

ルーツのラテン語
Kalendae

読み：カレンダエ
意味：ローマ暦の朔日（ついたち）
英語：1st day of the month（朔日）
関連語句：なし

メモ
月の最初の日をあらわすKalendaeのほかに、Idus（月の中日）、Nonae（中日の9日前）がありました。

『聖マタイの召命』
テル・ブルッヘン

朔日に支払う利子の台帳がkalendariumです。十二使徒の聖マタイは、そんな台帳を扱っていたであろう徴税人でした。

英単語
▶ **card**
カード
カード、はがき

013

ルーツのラテン語

charta

読み：カルタ
意味：パピルス(紙)、書類、手紙
英語：card(カード、はがき)
関連語句：①chart(図)、
　　　　　②cartoon(風刺画)

メモ
日本の「カルタ」もラテン語のchartaが語源です。交易相手のポルトガルを通して、伝わりました。

『トランプ詐欺師』
カラヴァッジョ

トランプのことをカードともいいます。背中にトランプを隠しもつ若者に、少年がまさに騙されようとしています。

29

英単語
▶ citizen
シチズン
国民、市民、住民

014

Capitulum I 身近な英単語の語源

ルーツのラテン語
civis

読み：キーウィス
意味：市民、同国人
英語：citizen（国民、市民、住民）
関連語句：① city（都市）、② civilization（文明化）、③ citadel（砦）

『カレーの市民』
ロダン

百年戦争時代に市民を救ったウスターシュ・ド・サン・ピエールと、5人の市民をモチーフにつくられました。

英単語

▶ **cross**

クロス
十字架

015

ルーツのラテン語

crux

読み：クルクス
意味：十字架、拷問
英語：cross（十字架）
関連語句：①across（横切って）、②cruise（船旅をする）、③crusade（十字軍）

メモ
磔刑は古代ギリシャやローマでは一般的な処刑のひとつ。執行に先立ち、鞭打ちなどの拷問が加えられました。

英単語

▶ **culture**

カルチャー
文化、教養、耕作

016

ルーツのラテン語

cultura

読み：クルトゥーラ
意味：耕すこと、養成
英語：cultivation（耕作、育成）
関連語句：①agriculture（農業）、②cult（信仰）

メモ
古代社会では、農耕と文明、宗教とのつながりは深かったのです。また、「心を耕す」という意味もありました。

英単語

▶ don

ドン
ドン（敬称）

017

Capitulum I
身近な英単語の語源

ルーツのラテン語

dominus

読み：ドミヌス
意味：家長、所有者、支配者
英語：Don（〜様、〜殿）
関連語句：① dangerous（危険な）、② domino（ドミノ）

闇社会の首領をあらわすわけではない

　「ドン」というと、日本では「首領」の意味にとらえられることがあります。これには、アメリカでマフィアのボスを呼ぶときの用法が影響しているのかもしれません。映画『ゴッドファーザー』では、イタリア系マフィア一家を束ねる長が「ドン・コルレオーネ」でした。

　また、オペラを観ると、名前の前に「ドン」や「ドンナ」（女性形）がつく貴族がたくさん登場します。モーツァルトの『ドン・ジョヴァンニ』の主人公は稀代の色男ドン・ファン（ドン・ジョヴァンニのスペイン語読み）です。

　この don はラテン語で家長をあらわす dominus から来ており、現在でもスペインやポルトガルでは、貴人や高位聖職者に対する尊称として使われています。女性の場合は、ドーニャ（スペイン）、ドナ（ポルトガル）になります。

『ドン・ファンと司令官の像』
アレクサンドル・エヴァリスト・フラゴナール

放蕩者ドン・ファンは、自らが殺した騎士団長の石像の手で、地獄に引きずり込まれてしまいます。

英単語

▶ diary

ダイアリー
日記、日誌、日当

018

Capitulum I

身近な英単語の語源

ルーツのラテン語

dies

読み：ディエース
意味：日、昼間、日常の仕事
英語：day(日)
関連語句：① dial(ダイアル)

メモ
1日の時間をはかる日時計から、目盛りのついた円盤状のものを、「ダイアル」と呼ぶようになりました。

『ヴァスコ・ダ・ガマの航海日誌』
アルヴァロ・ヴェーリョ

船員のヴェーリョは、ヴァスコ・ダ・ガマの1497〜1499年の航海を記録に残しました。

英単語

▶ digital
デジタル

指の、指のついた、数字で表示する

019

ルーツのラテン語

digitus

読み：ディギトゥス
意味：指
英語：finger(指)
関連語句：① digit(指)

メモ

デジタルに対して、連続的な量をあらわす「アナログ」は、ギリシャ語のanalogia(比例)に由来します。

『ラウラ・バッティフェッリの肖像』（部分）
ブロンズィーノ

「デジタル」は、もともと情報を1、2、3……と数で表現することから来ています。指で数えたことから結びつき、デジタルといわれるようになりました。

Capitulum I 身近な英単語の語源

英単語
▶ **data**
データ
データ

020

ルーツのラテン語
datum

読み：ダートゥム
意味：贈り物
英語：gift（贈り物）
関連語句：① date（日付）、② add（足す）、③ dice（サイコロ遊び）

メモ
動詞 do（与える）の活用形。「与えられたもの」という意味で、おなじみの data（データ）はその複数形です。

英単語
▶ **dictionary**
ディクショナリー
辞書、辞典

021

ルーツのラテン語
dico

読み：ディーコー
意味：示す、言う
英語：indicate（示す）
関連語句：① condition（状態）、② index（索引）、③ predict（予言する）

メモ
dico から dictio（陳述、表現）が派生し、やがてそこから英語の dictionary になりました。

英単語

▶ **doctor**

ドクター
医者、博士

022

ルーツのラテン語

doctor

読み：ドクトル
意味：教える人、教師
英語：doctor(医者、博士)
関連語句：① doctrine(教義)

メモ

もともと中世の大学で教える資格を持つ者をドクトルと呼んでいましたが、医者の意味を持つようになりました。

英単語

▶ **double**

ダブル
2倍の、2重の、2人用の

023

ルーツのラテン語

duo

読み：ドゥオ
意味：2つの、両方の(接頭語)
英語：duo(2つの、両方の)
関連語句：① duet(二重唱)、② duel(決闘)

メモ

duel の語源は bellum(戦争)の古形 duellum。duo との連想から2人の決闘を意味するようになりました。

英単語

▶ **ego**
エゴ
自我

024

Capitulum I
身近な英単語の語源

ルーツのラテン語

ego

読み：エゴー
意味：私(一人称)
英語：I(私)
関連語句：① egoist(利己主義者)、
　　　　　② egoism(利己主義)

メモ
altruist(利他主義者)も、「他者」を意味するラテン語alterから生まれた言葉です。

心理学用語がラテン語の名詞に訳された

　ego(エゴ)は、日本の辞書にも掲載されている単語です。日本語で「自我」と訳され、自我には「自分」や「自己」という意味があります。

　心理学・精神医学の分野では、19世紀オーストリアの心理学者ジークムント・フロイトが、行動や意識をする主体のことを「Ich(イッヒ)」と命名しました。Ichはドイツ語で一人称単数の代名詞であり、英語でいうと「I」にあたります。フロイトの著書に書かれた「Ich」が英訳される際に、ラテン語の一人称単数の代名詞「ego」が使われ、広まりました。

　日本では、エゴというと、自分の利益のみを考えて他人を思いやらない人を意味する「エゴイスト」と結びつけて使われることが多いように思います。ちなみに、反対の意味の利他主義者をアルトゥリスト(altruist)といいます。

『我アルカディアにもあり』
プッサン

アルカディア（理想郷）に暮らす牧人が、石碑に刻まれた「我アルカディアにもあり」という文字を見つめています。ここでいう「我」は「死」を指します。何人も死を免れることはできないことを暗示しています。

英単語

▶ emperor

エンペラー

皇帝、天皇

025

Capitulum I

身近な英単語の語源

ルーツのラテン語

imperator

読み：インペラートル

意味：指揮者、最高司令官

英語：commander（指揮者）

関連語句：①empire（帝国）

メモ

imperatorとはimperium（命令権）を持つ者という意味で、必ずしもローマ皇帝だけを指す言葉ではありませんでした。

『カエサルの前で武装を解除するウェルキンゲトリクス』
リオネル・ロワイヤル

カエサル自身は皇帝ではありませんでしたが、のちに皇帝を意味するカイザーやツァーリの語源になりました。

40

英単語

▶ **education**

エデュケーション
教育

026

ルーツのラテン語

educo

読み：エデゥーコー
意味：引き出す、連れ出す
英語：lead out(連れ出す)
関連語句：① conduct(指揮する)、② introduce(紹介する)、③ product(製品)

メモ

educo は ex (外へ) と duco (導く) が合成したもの。関連語句はみな、duco の合成語です。

英単語

▶ **equal**

イコール
等しい、平等な、対等の

027

ルーツのラテン語

aequus

読み：アエクウス
意味：平らな、等しい
英語：equal(等しい)
関連語句：① equinox(春分・秋分)、② inequality(不平等)

メモ

equinox (春分・秋分) は、ラテン語で昼と夜 (nox) の長さが等しくなることから来ています。

英単語

▶ fortune

フォーチュン
財産、幸運、運

028

Capitulum I
身近な英単語の語源

ルーツのラテン語

fortuna

読み：フォルトゥーナ
意味：運、幸運、不運
英語：fortune（運）
関連語句：① fortunate（幸運な）、② unfortunate（不運な）

目隠しをした不安定な姿で描かれる「運」

　英語の「運」にはluckとfortuneがあります。カタカタ語として日本でも通じる「ラッキー（lucky）」はluckから派生しました。luckとfortuneはニュアンスが異なり、luckは偶然のめぐり合わせであるのに対して、fortuneは運命に導かれた運という意味合いで、やや堅苦しい文章で使われます。

　思わぬ幸運に巡り合ったとき、「神様のお導きで……」と表現することがあります。実際、ローマ神話には運命をつかさどる、その名もフォルトゥーナという女神がいます。西洋絵画には、形のない概念を擬人化して描く寓意画というジャンルがあり、フォルトゥーナはそのモチーフとなりました。そこでは、運の「不確かさ」をあらわすために、女神は目隠しをした姿で描かれます。なおローマ神話には、フォルトゥーナのように擬人化された女神がほかにもいます。

42

『フォルトゥナ』（部分）
クンツェ

運命の女神フォルトゥーナは、寓意画では目隠しして、球に乗った姿で描かれます。

英単語

▶ family

ファミリー
家族、一族

029

Capitulum I

身近な英単語の語源

ルーツのラテン語

familia

読み：ファミリア
意味：家族、奴隷、財産
英語：family（家族）
関連語句：① familiar（よく知っている）

メモ
古代ローマで familia は、家族だけでなく、家の奴隷や財産なども含めた家全体を指す言葉でした。

『幼子イエスの神性の認識』
ロット

「聖家族」は人気の題材。聖母マリアや幼い洗礼者ヨハネ、天使などが幼子イエスを取り囲んでいます。

英単語

▶ forum

フォーラム
公開討論の場、(古代ローマの)広場

030

ルーツのラテン語

forum

読み：フォルム
意味：公共広場、市場
英語：square(広場)
関連語句：① forensic(法廷の)

メモ
現在は、集団討議の形式を「フォーラム」といいますが、これも古代ローマの討議方式に由来しています。

『ローマ - カストルと
ポルックス神殿のあるフォーラム』
カナレット

ローマにある古代遺跡フォロ・ロマーノは、「ローマのフォーラム」という意味です。

英単語
▶ future
フューチャー
未来、将来性

031

Capitulum I 身近な英単語の語源

ルーツのラテン語
futurus

読み：フトゥールス
意味：未来の、今にも起こりそうな
英語：future(未来、未来の)
関連語句：① futuristic(未来の)

メモ
過去(past)はpassus(通りすぎた)、現在(present)はpraesens(目の前にある)に由来します。

『立ち上がる都市』
ボッチョーニ

ボッチョーニは仲間と「未来派」という前衛芸術運動を起こし、新しい芸術の創造を目指しました。

英単語

▶ **fascism**

ファシズム
ファシズム

032

ルーツのラテン語

fascis

読み：ファスキス
意味：束、荷物
英語：bundle（束）
関連語句：① fasces（権標）

メモ

複数形 fasces は、棒を束ね
て紐で縛り斧を挿したもので、
ローマの高官の権威の象徴。
イタリアの国家ファシスト党が
これをシンボルにしました。

英単語

▶ **fruit**

フルーツ
果物、果実

033

ルーツのラテン語

fructus

読み：フルクトゥス
意味：享受、収穫物、成果
英語：fruit（果物、成果）
関連語句：① fruitless（身を結ばない）

英単語

▶ gladiator
グラディエイター
剣闘士

034

Capitulum I　身近な英単語の語源

ルーツのラテン語

gladius

読み：グラディウス
意味：剣、刀、殺戮
英語：sword(剣)
関連語句：① gladiolus([植物名]グラジオラス)

剣での死闘を生業とした奴隷

　剣闘士とは、古代ローマ時代、市民の娯楽のために闘った剣士のことです。おもに奴隷が剣闘士として訓練され、仲間の剣闘士やライオンなどの猛獣と命がけで闘いました。

　剣闘士を英語で「グラディエイター（gladiator）」ということは、2000年に公開された同名のアメリカ映画がきっかけで知られるようになったのではないでしょうか。gladiator の語源は、ラテン語の gladius（剣）です。

　gladius からは、小さい剣を意味する gladiolus（グラジオルス）という語も派生しました。この英語読みは「グラジオラス」。夏の花壇を彩る植物の名前としておなじみです。グラジオラスは葉が剣のように鋭いため、そのように名づけられました。

『指し降ろされた親指』(部分)
ジェローム

観客が親指を下に向け、破れた剣闘士を殺すように叫ぶ様子が描かれています。

> 英単語

▶ grace
グレイス
優美、洗練、恩寵

035

Capitulum I 身近な英単語の語源

ルーツのラテン語

gratus

読み：グラートゥス
意味：魅力的な、感謝に値する
英語：gracious(上品な)
関連語句：① grateful(感謝している)、② agree(同意する)、
　　　　　③ congratulate(祝う)

『パリ市』
ドローネー

ギリシャ神話の三美神は、まとめて「グラーティア」と呼ばれることがあります。

英単語

▶ generation

ジェネレーション

同世代の人々、一世代

036

ルーツのラテン語

genus

読み：ゲヌス

意味：出自、民族、種族

英語：genus(生物学上の属)

関連語句：① gender(性)、② general(一般的な)、③ genre(ジャンル)

メモ

genus は学術用語でもあり、種（species）を包摂する「類」を意味します。general の意味はここから生じています。

英単語

▶ grand

グランド

壮大な、威厳のある

037

ルーツのラテン語

grandis

読み：グランディス

意味：大きな、大量の、偉大な

英語：grand(壮大な)

関連語句：① grandfather(祖父)、② grandson(孫)

英単語

▶ homunculus

ホムンクルス
小人、人造人間

038

Capitulum I 身近な英単語の語源

ルーツのラテン語

homo

読み：ホモー
意味：人、人間、男
英語：human（人間）
関連語句：① Homo sapiens（ホモ・サピエンス）、② homicide（殺人）

人為的につくり出される「小さい人間」

生物学上の「ヒト属ヒト」の学名（P.208）は、*Homo sapiens* です。ヒト属には現在では現生人類しかいないのですが、その属名に homo が使われているのです。*Homo sapiens* を訳すと、「賢い人」という意味になります。

ホムンクルス（homunculus）は、homo に指小辞（小さいことを意味する語）が加わった単語で、もともとは小柄な人や度量の小さい人を意味しましたが、中世になると一種の人造人間を指す言葉として使われるようになりました。16世紀スイスの錬金術師パラケルススは著書の中で、人間の精液に手を加えると小人が誕生すると記しています。

このような謎めいた存在は、古今東西の創作家の想像力を刺激しました。ゲーテは『ファウスト』第二幕でホムンクルスについて言及しています。

『賢者の石を探す錬金術師』
ジョセフ・ライト

物質を金属化することができる
とされた錬金術師。膨大な化学
的知識を持っていました。

英単語

▶ hour

アワー
1時間、時刻

039

ルーツのラテン語

hora

読み：ホーラ
意味：1時間、時刻
英語：hour(1時間、時刻)
関連語句：① horoscope(星占い)

メモ
ギリシャ神話における季節の女神たち（ホーライ）に由来します。時間と季節は切っても切れない関係です。

英単語

▶ human

ヒューマン
人間の、人間らしい

040

ルーツのラテン語

humanus

読み：フマーヌス
意味：人間の、人間らしい、人間
英語：human(人間の、人間らしい)
関連語句：① human being(人間)、② humanism(人道主義)

星座と星の名前

20世紀に境界が定まった星座
世界共通の呼び名はラテン語であらわされる

　　　　　　夜空に輝く複数の星をつなげて、神話の登場人物や動物、道具の姿かたちに見立てたものが「星座」です。発祥は約5000年前のメソポタミア（現在のイラク周辺）で、そこからギリシャに伝わり、ギリシャ神話と結びつきました。

ところで、みなさんは星座の数をご存じですか？　1922年、国際天文学連合（IAU）の総会で、星座の数は88と定められました。それまでは、星座の境界があいまいで、さまざまな知識人が自由に星座を名づける時代が長く続いていました。IAUがその混乱を終わらせたわけです。

じつは、総会で決まったのは星座の数と名称と略符（アルファベット3文字）だけ。星と星座の境界についてはその後も議論が続き、確定したのは、ようやく1930年になってからでした。

動物や植物につけられた分類学上の世界共通の名前を「学名」といいますが、星座にも「学名」があります。星座の学名は、生物の学名と同様、ラテン語で表記されます。星座の学名から名前がとられた商品名もあります。たとえば、清涼飲料水のアクエリアス（Aquarius）＝みずがめ座、いすゞの自動車ジェミニ（Gemini）＝ふたご座などです。

なお、星座を構成する星（恒星）のなかにも名前がついているものがあり、多くはアラビア語由来です。これは、古代ギリシャの学問を吸収し、天文学を発展させたイスラム世界を経由して世界に広まったためだとされています。

Column 01

黄道12星座の学名

星座名	学名	略符	英語名
おひつじ座	Aries(アリエース)	Ari	the Ram
おうし座	Taurus(タウルス)	Tau	the Bull
ふたご座	Gemini(ゲミニー)	Gem	the Twins
かに座	Cancer(カンケル)	Cnc	the Crab
しし座	Leo(レオー)	Leo	the Lion
おとめ座	Virgo(ヴィルゴ)	Vir	the Maiden
てんびん座	Libra(リーブラ)	Lib	the Scales
さそり座	Scorpius(スコルピウス)	Sco	the Scorpion
いて座	Sagittarius(サギッターリウス)	Sgr	the Archer
やぎ座	Capricornus(カプリコルヌス)	Cap	the Sea Goat
みずがめ座	Aquarius(アクゥアーリウス)	Aqr	the Water Bearer
うお座	Pisces(ピスケース)	Psc	the Fishes

※国立天文台HP「星座名・星座略符一覧(略符順)」などを参照

おおいぬ座

学名：Canis Major(カニス・マーヨル)
canis は「犬」、major は「より大きな」という意味です。これに対し、こいぬ座の学名は Canis Minor(カニス・ミノル)で、ラテン語に訳すと「より小さな犬」になります。

きりん座

学名：Camelopardalis(カメーロパルダリス)
camelopardalis は、ラテン語でもそのまま「キリン」を意味しますが、分解すると camela は雌ラクダ、pardalis は雌ヒョウとなり、あわせて「ヒョウ柄のラクダ」といった意味になります。

ぎょしゃ座

学名：Auriga(アウリーガ)
auriga はラテン語で「御者」を意味し、動詞形は aurigo です。最も明るいカペラ（Capella）はラテン語由来の恒星のひとつで、ラテン語で capella は「雌ヤギ」という意味です。

英単語

▶ illusion

イリュージョン
幻想、錯覚、幻覚

041

Capitulum I

身近な英単語の語源

ルーツのラテン語

illusio

読み：イッルーシオー
意味：揶揄、惑わすこと
英語：illude（だます）
関連語句：① allude（ほのめかす）、② prelude（前置き）、
　　　　　③ interlude（幕間）

ラテン語の源流をさかのぼると「遊び」

　illusionの一般的な意味は、「錯覚」や「幻覚」です。近年では手品や曲芸などの大掛かりなショーを「イリュージョン」と呼ぶこともあり、私たちにとっても、なじみのある単語ではないでしょうか。

　illusionの動詞形はilludeです。その語源はラテン語の動詞illudoで、「ばかにする」「だます」などの意味があります。このことを考えると、手を変え品を変え、観客の目をだまし驚かせる手品や曲芸を「イリュージョン」と呼ぶことは、とても自然なことに思えます。

　ラテン語のilludoをさらに分解すると、ludoに「遊ぶ」、ludusに「遊び」「見世物」という意味があります。関連語句としてprelude（pre［前］＋lude）「前置き」やinterlude（inter［間］＋lude）「幕間」があるのは、そのためです。

『快楽の園』(部分)
ボス

裸の男女、人間と同じ大きさの果実や魚など、幻想の世界が繰り広げられています。

> 英単語
▶ illumination
イルミネーション
明るくすること、照明

042

Capitulum I 身近な英単語の語源

ルーツのラテン語
illumino

読み：イッルーミノー
意味：明るくする、飾る
英語：illuminate(明るくする)
関連語句：①luminous(明るい)

『夜のポツダム広場』
ユリィ

ユリィはベルリンを拠点に活躍した画家。ポツダム広場はその中心部にあります。

英単語

▶ **infrastructure**

インフラストラクチャー
インフラ、経済基盤

043

ルーツのラテン語

infra

読み：インフラー
意味：下に、下位に、のちに
英語：under（下に、劣った）
関連語句：① inferior（劣った）、② inferno（地獄）

メモ

インフラとは、産業や生活を支える施設の総称。道路、鉄道、上・下水道のほか、学校や通信網も含まれます。

英単語

▶ **intern**

インターン
インターン、実習生

044

ルーツのラテン語

internus

読み：インテルヌス
意味：内部の、国内の
英語：inside
関連語句：① internal（内側の）

メモ

intern には、「抑留する」「被抑留者」という別の意味もあります。この語源も internus です。

英単語

▶ justice

ジャスティス

正義、公正

045

Capitulum I

身近な英単語の語源

ルーツのラテン語

justus

読み：ユストゥス
意味：正当な、公平な
英語：just(公正な)
関連語句：① judge(裁判官)、
　　　　　② adjust(調整する)

メモ
ユスティティアはしばしば銅像になり、正義や公正のシンボルとして裁判所に置かれることがあります。

「正義」の擬人像は裁判所の象徴に

　古代ローマには、ローマ万民法という法律がありました。もともとはローマ市民にのみ適用されていましたが、ローマが領地を広げるにしたがい、支配地域に住む外国人にも適用されるようになったのです。ローマ万民法は、ラテン語で jus gentium といいます。gentium は gens(民族)の活用形、jusは「法」という意味で、あわせて「すべての民族の法」という意味になります。

　justice のもとになった justus(正当な)や juste(正当に、合法的に)、justum(正当)は、この jus から派生した単語です。

　「正義」「公正」も、「運」(Fortuna)と同じようにローマ神話の女神として擬人化されました。その名はユスティティア(Justitia)です。西洋絵画では、正義の象徴である天秤や剣を持ってあらわされます。

62

『正義の寓意』
ヴァザーリ

伝統的に「正義」の寓意像は剣や天秤を持っていますが、この作品では少し違います。

英単語

▶ legend

レジェンド

伝説、伝説的人物

046

Capitulum I

身近な英単語の語源

ルーツのラテン語

lego

読み：レゴー
意味：集める、奪う、選ぶ、読む、朗読する
英語：read（読む）
関連語句：① lecture（講義）、② college（大学）、③ select（選ぶ）

ルーツのラテン語は多義で、派生語が多い

　英語の legend（伝説）にあたるラテン語は legenda です。ラテン語で「読む」をあらわす動詞 lego の活用形で「読まれるべきもの」という意味を持ちます。「伝説」にはもともと「代々、読み伝えられた話」「読むべきもの」というニュアンスが込められています。中世で伝説といえば、キリスト教の聖人の生涯を描いた話がとくに多く、修道院の朝の祈りの時間などに読まれていました。キリスト教の教義を集めた聖句集 lectionary も同じ語源です。

　lego には「読む」以外にも多様な意味があり、そのぶん派生した単語がたくさんあります。たとえば、中世の大学では教師が古典テキストを「朗読」していたので lecture、「選ぶ」からは select や elect（選挙する）、「集める」からは collect（集める）や recollect（思い出す）といった具合です。

『**クレオパトラ**』（部分）
ウォーターハウス

伝説の美女といえばエジプトの女王クレオパトラです。古来、画家の想像力をかきたててきました。

英単語
▶ **labor**
レイバー
労働、仕事

047

ルーツのラテン語
labor

読み：ラボル
意味：骨折り、労働、勤勉
英語：labor(仕事)
関連語句：① collaborate(協力する)、
　　　　　② laboratory(研究室)

メモ
laboratoryは、「仕事場」を意味する中世ラテン語のlaboratoriumに由来します。

Capitulum I 身近な英単語の語源

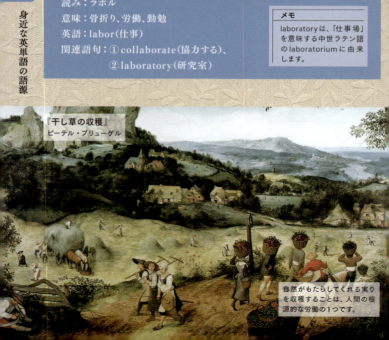

『干し草の収穫』
ピーテル・ブリューゲル

自然がもたらしてくれる実りを収穫することは、人間の根源的な労働の1つです。

英単語

▶ **liberal**

リベラル

気前のよい、寛大な、自由主義の

048

ルーツのラテン語

liber

読み：リーベル

意味：自由な、制約を受けない

英語：free

関連語句：①liberty(自由)、②delivery(配送)

メモ

liberから派生したlibero(リベロ)はイタリア語になり、サッカーやバレーボールの守備プレイヤーの名前になっています。

英単語

▶ **local**

ローカル

地元の、現地の

049

ルーツのラテン語

locus

読み：ロクス

意味：場所、地点、居所

英語：location(位置、場所)

関連語句：①locality(局所性)、②locomotive(機関車)

英単語

▶ monster

モンスター
怪物、化け物

050

Capitulum I

身近な英単語の語源

ルーツのラテン語

moneo

読み：モネオー
意味：思い出させる、警告する
英語：warn(警告する)
関連語句：① monitor(監視する)、② monument(記念碑)

人間に警告する存在から「怪物」へ

　monster(怪物)はラテン語でmonstrumといい、英語の形と似ています。分解するとmoneo(警告する)＋trum(道具をあらわす接尾語)であり、monstrumは「警告」自体や、警告を表面化する「前兆」という意味を含んでいました。「得体が知れないけれども、存在を感じられるもの」というニュアンスであり、そこから「怪物」にも使われるようになったのかもしれません。

　古代ローマの詩人ヴェルギリウスの「アエネーイス」には、乙女スキュラが魔女キルケーの呪いにより、恐ろしい姿の怪物(monstrum horrendum)になったという記述があります。ラテン語文学には、「アエネーイス」のほかに、オウィディウスの「変身物語」など、ギリシャ神話に取材した作品があります。さぞかし数多くのmonstrumが登場していることでしょう。

68

『キュクロプス』
ルドン

叙事詩「オデュッセイア」で、ホメロスはキュクロプスを「ひとつ眼の怪物」の一族として書いています。

英単語

▶ marine

マリーン

海の、船舶の、海軍の

051

Capitulum I

身近な英単語の語源

ルーツのラテン語

mare

読み：マレ

意味：海、海水

英語：ocean（海、大洋）

関連語句：① submarine（潜水艦）、

② aquamarine（アクアマリン）

メモ

鉱物のアクアマリンは、その色から、aqua（水）と marina（海の）を組み合わせて、近代に名づけられました。

『解体されるために最後の停泊地に曳かれてゆく戦艦テメレール号』
ターナー

テメレール号は、イギリス海軍がナポレオンの連合艦隊を破ったトラファルガーの海戦で活躍しました。

70

英単語
▶ **mirror**
ミラー
鏡

052

ルーツのラテン語
miror

読み:ミーロル
意味:驚く、感嘆する
英語:be surprised(驚く)
関連語句:① marvelous(不思議な)、
② miracle(奇跡)、③ mirage(蜃気楼)

メモ
ラテン語では、鏡をspeculum(スペクルム)といいます。「姿を見るもの」という意味です。

『小さい女性』(部分)
デラ=フォス=カルドフスカヤ

女の子は小さくても女性。鏡での身だしなみチェックは欠かせません。

Capitulum I　身近な英単語の語源

英単語

▶ **manual**

マニュアル
手の、手引書

053

ルーツのラテン語

manus

読み：マヌス
意味：手、暴力
英語：hand(手)
関連語句：① manage(運営する)、② manner(やり方)、③ manicure(マニキュア)

メモ
manicure (マニキュア) は、manus と cura (世話・保護) から近代になってつくられた単語です。

英単語

▶ **memory**

メモリー
記憶、思い出

054

ルーツのラテン語

memoria

読み：メモリア
意味：記憶力、記憶、思い出
英語：memory(記憶、思い出)
関連語句：① memorial(記念物)、② memoir(回顧録)

72

英単語

▶ **menu**

メニュー
献立表、料理

055

ルーツのラテン語

minuo

読み：ミヌオ
意味：砕く、小さくする、減る
英語：make smaller(小さくする)
関連語句：① minute(分)

メモ

menu や関連語句の minute は、minuo から派生した minutum（細かいもの）から生まれました。

英単語

▶ **motor**

モーター
発動機、原動力

056

ルーツのラテン語

moveo

読み：モヴェオー
意味：動かす
英語：move(動かす、動く)
関連語句：① emotion(感情)、② moment(瞬間)、③ motion(動作)

メモ

motor は、動詞の moveo から派生した名詞 motor（動かすもの）が語源になりました。

英単語

▶ nature

ネイチャー
自然、本質

057

Capitulum I

身近な英単語の語源

ルーツのラテン語

natura

読み：ナートゥーラ
意味：出生、事前、素質、特徴
英語：nature(自然、本質)
関連語句：① natural(天然の)、② native(出身の)、③ nation(国家)

生まれたままの姿が、そのものの「本質」

　ラテン語で「自然」を意味するnaturaは、もともとnatus(〜から生まれた)やnascor(生まれる)から来ています。生まれたままの姿を、物事の「本質」であり、「自然」であるとみなしていたのでしょう。

　一方、人間の手が加わったものはars(術、芸術)であり、これは英語のartにあたります。英語で「人工的な」はartificialですが、ラテン語で同じ意味の単語は「artificialis」で、こちらも英語とラテン語は似ています。

　古代ローマの人々は、先人の古代ギリシャを模範として芸術を育んできました。ギリシャ人のつくった像は、前時代のエジプトなどと比べて、写実的ではありつつも理想化する方向に発展しました。「ありのまま＝自然」か、あるいは「手を加える＝理想」かは、美をめぐる人間の永遠のテーマです。

74

『雲海の上の旅人』
フリードリヒ

フリードリヒはロマン派の風景画家。崇高な自然を描いた作品を多く残しています。

英単語

▶ navigation
ナビゲーション
航海、航行

058

Capitulum I 身近な英単語の語源

ルーツのラテン語

navigo

読み：ナーヴィゴー
意味：航海する、泳ぐ
英語：navigate（航海する）
関連語句：① navy（海軍）

『オンフルールの港のボート』
モネ

モネやシニャックなど印象派や新印象派の画家たちは、港の様子を好んで描きました。

英単語

▶ **necessary**

ネセサリー

必要な、必然的な

059

ルーツのラテン語

necesse

読み：ネケッセ
意味：必然の、必要な
英語：necessary（必要な、必然的な）
関連語句：①access（接近）、②process（一連の過程）、③success（成功）

メモ

否定をあらわす接頭語「ne-」とcedo（行く、P.18）からつくられた合成語。関連語句も同様です。

英単語

▶ **nihil**

ニヒル

無、虚無

060

ルーツのラテン語

nihil

読み：ニヒル
意味：無、無意味
英語：nothing（無）
関連語句：①nihilism（虚無主義）

メモ

世の中がむなしく思われることが「虚無的」。転じて、冷めた様子や態度をニヒルというようになります。

英単語

▶ office

オフィス
事務所、職場

061

Capitulum I 　身近な英単語の語源

ルーツのラテン語

officium

読み：オフィキウム
意味：奉仕、義務、任務、職
英語：service（奉仕）
関連語句：① officer（役員）、② official（公式の）

「仕事」は義務で奉仕するものだった⁉

　officeの語源のラテン語officiumには、仕事を行う「事務所」というより も、「奉仕」や「義務」といった、「やるべきこと」といったニュアンスが込め られています。officiumと直接関連のある単語には、officialis（下級役人、 従僕）、officiosus（義務に忠実な、礼儀正しい）などがあります。

　officiumのもとをさらにたどると、opsというラテン語にたどり着きます。 opsには「力」「能力」、複数形になると「権力」「資力」という意味があります。 ops＋facio（行う）がopificium（仕事）になり、それがofficiumになりました。 おおもとにはちゃんと「能力」というニュアンスがあります。

　ちなみにcopy（複写する）はcon-（一緒に）とops（能力）が合わさったcopia （多量）が語源。ここにも、ラテン語起源の身近な英単語が隠れていました。

『ゲオルク・ギーゼの肖像』
ホルバイン

事務所のような場所を背景に描かれた、裕福な商人の肖像画です。

英単語

▶ **omnibus**

オムニバス
乗合馬車

062

Capitulum I 身近な英単語の語源

ルーツのラテン語

omnis

読み：オムニス
意味：全体の、すべての
英語：all(すべての)
関連語句：① omniponent(全能の)

メモ
omnibus は omnis の活用形で、「すべての人々のための」という意味。末尾の bus から乗り物の「バス」になりました。

『ピガール広場の乗合馬車』
ボルディーニ

不特定多数の乗客を乗せる乗合馬車。パリの盛り場で、乗客を待っているのでしょうか。

英単語

▶ oil

オイル
油、石油

063

ルーツのラテン語

oleum

読み：オレウム
意味：オリーブ油
英語：olive oil（オリーブ油）
関連語句：①oily（油っこい）

メモ
古代ローマでは、オリーブ油は食用にするだけでなく、灯油、香油、薬などとしても用いられました。

英単語

▶ option

オプション
選択、選択権

064

ルーツのラテン語

opto

読み：オプトー
意味：選ぶ、願う
英語：opt（選ぶ）
関連語句：①optional（選択の）、②adopt（採用する）

英単語

▶ passion

パッション

受難、情熱、激情

065

Capitulum I

身近な英単語の語源

ルーツのラテン語

passio

読み：パッシオ
意味：激情、現象、試練
英語：passion（激情）
関連語句：① patience（忍耐）、② patient（患者）、
　　　　　③ passive（受け身の）

「情熱」は苦しみからうまれる感情

　「情熱」の意味で使う「パッション」は、よく知られています。しかし、passion
に「受難」という意味があることは、あまり知られていないかもしれません。

　受難は、日本人にはなじみの薄い言葉です。受難とは、苦難を受け入れ
ることを指しますが、特にイエス・キリストが十字架にかけられることによって、
全人類の苦難を引き受けたことをいいます。どうして passion に「受難」の意
味があるかは、語源となったラテン語やその成り立ちを知ると納得できます。

　passion はラテン語で passio であり、patior（苦しむ）から来ています。こ
こから、中世にキリストの受難と苦しみをあらわす言葉として使われるように
なりました。その後、人間の感情や欲望も苦しみをもたらす passio とみなさ
れるようになり、「情熱」という意味が生まれたのです。

『十字架上のキリスト』
ベラスケス

キリストの受難をあらわす磔刑図。数少ないベラスケスの宗教画の1つです。

英単語

▶ **peace**
ピース
平和、和解

066

Capitulum I 身近な英単語の語源

ルーツのラテン語

pax

読み：パクス
意味：講和、平和、友好
英語：peace(平和)
関連語句：① pacific(穏やかな、太平洋)、
　　　　　② pay(支払う)

メモ

pay は paco(平和をもたらす)からきています。支払いは「債権者に平和をもたらす」というところから、中世にこの意味が生まれました。

『聴衆を前にしたトラヤヌス帝』
コワペル

トラヤヌス帝は、古代ローマで約200年続いた平和「パクス・ロマーナ」の終盤を支えました。

英単語

▶ pest
ペスト
有害な小動物、害虫、疫病

067

ルーツのラテン語

pestis

読み：ペスティス
意味：疫病、死、破滅
英語：plague(疫病)
関連語句：① pesticide(殺虫剤)、② pestilence(ペスト)

『ローマのペスト』(部分)
ジュール＝エリー・ドローネー

天使が扉を指し示し、悪魔(ペスト)が扉を破壊しようとしているところです。

英単語

▶ pound

パウンド

ポンド（イギリスの重さ、通貨の単位）

068

Capitulum I

身近な英単語の語源

ルーツのラテン語

pondus

読み：ポンドゥス

意味：分銅、重さ

英語：weight（重量）

関連語句：① ponder（熟考する）

メモ

ponder は pondero（重さを量る）からきています。ものごとの「価値をはかる」ところから、熟考するという意味がうまれました。

『ヴェニスの商人（第3幕第2場）』
カバネル

借金のカタとして、アントニオはシャイロックに自身の肉1ポンドを要求されますが……。

英単語

▶ **parent**

ペアレント

親

069

ルーツのラテン語

parens

読み：パレンス
意味：親
英語：parent（親）
関連語句：① repertoire（レパートリー）

メモ

parens は、動詞の pario（生み出す）から派生しました。parens のもともとの意味は「生み出すもの」です。

英単語

▶ **people**

ピープル

人々、世間

070

ルーツのラテン語

populus

読み：ポプルス
意味：民族、人民
英語：people（人々）
関連語句：① popular（人気のある）、② public（公の）、③ republic（共和国）

英単語

▶ quiet

クワイエット

静かな、穏やかな

071

Capitulum I

身近な英単語の語源

ルーツのラテン語

quies

読み：クイエース
意味：休養、眠り、休止
英語：rest（休養）
関連語句：① quit（やめる）、② quite（かなり）、③ tranquil（平穏な）

「やめる」や「かなり」の語源にもなった

quietの語源は、ラテン語で「休養」や「眠り」「休止」を意味するquies
です。動詞の「休養する」「眠る」はquiescoで、「静かにしている」「活動を
控える」という意味を持ちます。

quiesはquietのほかに、quit（仕事などをやめる）という英語の動詞にも
なりました。それも、quiesに「休止」の意味があることを考えると納得できます。
またquitには、「重荷や責任から解放させる」という古い意味があります。さ
らに、「まったく」「かなり」「完全に」を意味するquiteもquitから生まれてい
ます。「責任から完全に解放された」という意味から、現在の意味になりました。

ちなみに英語で「休養」をあらわすrestの語源もラテン語です。それは、「同
じところにとどまる」「残る」という意味のrestoです。

88

『ローゼンラウイ氷河』
ブレット

ローゼンラウイ氷河はスイスにある氷河。静寂が感じられます。

英単語

▶ requiem

レクイエム

鎮魂歌

072

Capitulum I　身近な英単語の語源

ルーツのラテン語

requies

読み：レクイエース
意味：休養、気晴らし
英語：recreation(休養)
関連語句：① requiescat(鎮魂の祈り)

メモ
モーツァルトやフォーレ、ヴェルディといったクラシック音楽の作曲家も、レクイエムを手がけています。

死者の霊を天国に導く聖なる楽曲

　鎮魂歌「レクイエム」は、キリスト教のミサなどで演奏される、死者の霊が天国に迎えられるように神に祈る曲です。

　レクイエムのもとになったrequiesはquies(P.88)に接頭語re-(あとで)を付けたもので、労働を終えたあとの休息をあらわします。そして、requiemはrequiesの(目的語をつくる)活用形で「休息を」という意味です。曲の歌い出しが"Requiem aeternam dona eis, Domine(永遠の休息を彼らに与え給え、主よ)"ではじまることから、曲全体をレクイエムと呼びます。

　なお、レクイエムの多くは9つの章で構成されます。章にはすべてラテン語やギリシャ語の名がついていて、有名なものに「キリエKyrie(主よ)」「アニュス・デイAgnus Dei(神の子羊)」などがあります。

『レクイエムを作曲する
モーツァルトの肖像』(部分)
ウィリアム・ジェームズ・グラント

「レクイエム」を作曲中、モーツァルトは死の床にありました。

英単語

▶ recipe
レシピ
調理法、秘訣

073

ルーツのラテン語

recipe!

読み：レキペ
意味：受け取れ！（recipoの命令形）
英語：receive（受け取る）
関連語句：① receipt（レシート）

メモ
もともとは医師の処方箋を指しています。処方箋の冒頭には、「recipe」の文字が書かれていました。

Capitulum I　身近な英単語の語源

『すばらしいソース』
ヴィベール

料理人になった枢機卿がシェフを驚かせているという、ユニークな作品です。

英単語

▶ **referee**

レフェリー
審判員、調停者

074

ルーツのラテン語

refero

読み：レフェロー
意味：持ち帰る、引き戻す、報告する
英語：carry back（戻す）
関連語句：① reference（言及）

英単語

▶ **romantic**

ロマンティック
空想小説的な、非現実的な

075

ルーツのラテン語

Roma

読み：ローマ
意味：ローマ（イタリアの都市）
英語：Roma（ローマ）
関連語句：① roman（中世文学の「ロマン」）

メモ

中世の空想的な物語や恋愛
譚が、ラテン語ではなく、それ
が変化したロマンス諸語で書
かれていたことが由来です。

キリスト教のラテン語

ラテン語訳の『新約聖書』が
最高会議で「公式」と認められた

　　　　　ラテン語は、ローマ帝国で主に支配者たちが使っていた言語です。キリスト教はローマ帝国の勢力下にあったパレスチナで誕生し、紀元1〜2世紀にかけて書かれたさまざまな文書が、4世紀に『新約聖書』としてまとめられました。これを4世紀末にラテン語に訳したのが、ヒエロニムスです。ヒエロニムスが訳したラテン語の聖書は「ウルガータ（Vulgata）」と呼ばれ、カトリック教会で広く用いられるようになりました。そして、16世紀にイタリアのトリエントで開催された公会議（カトリックの最高会議）で「公式聖書」と定められました。また、さまざまな様式で行われていたミサは様式が統一され、それ以来、世界中のカトリック教会で、統一されたラテン語によるミサが行われるようになりました。この取り決めは、バチカン第二公会議（1962〜1965年）において、各国の国語でのミサが認められるまで続きます。

　このように、ラテン語は長い間、カトリック教会の公式な言語であったため、キリスト教、特にカトリックの信仰や聖書にルーツをもつラテン語の語句がたくさん生まれています。その一部を紹介します。

『書斎の聖ヒエロニムス』
カラヴァッジョ

ヒエロニムスが『新約聖書』をラテン語に訳しているところを描いたともいわれています。

キリスト教関連のラテン語

日本語	英語など	ルーツのラテン語	ラテン語の意味
祭壇	altar	altaria アルターリアー	祭壇
天使	angel	angelus アンゲルス	伝令(後期ラテン語)
聖油を塗る	anoint	inungo イヌンゴー	薬を塗る
聖杯	chalice	calix カリクス	杯
聖油	holy oil	oleum sanctum オレウム・サンクトゥム	聖なる油
ミサ	mass	missio ミッシオー	派遣
宣教師	missionary	missio ミッシオー	派遣
懺悔	penance	paenitentia パエニテンティア	後悔
教皇	pope	papa パーパ	司祭、教皇 (中世ラテン語)
ロザリオ	rosário	rosa ロサ	バラ
秘跡	sacrament	sacra サクラ	神聖なもの
神との契約	testament	testamentum テスターメントゥム	遺言

Column 02

聖書や祈りの言葉

Ave Maria gracia plena

アウェー・マリーア・グラーティア・プレーナ
“めでたきかな、慈愛に満ちたマリア”

カトリック教会の「アヴェ・マリアの祈り」の言葉。aveは、「やあ」「さようなら」というラテン語の挨拶です。「アヴェ・マリア」は、シューベルトやグノーの曲名としても有名。

Diliges proximum tuum sicut te ipsum

ディーリゲース・プロクシムム・トゥウム・シークト・テー・イプスム
“汝の隣人を愛せよ”

『新約聖書』の「マタイによる福音書」より。自分を愛するように、隣人も愛しなさいという教え。マタイ伝には、“求めなさい。そうすれば与えられます”という言葉もあります。

Ecce homo

エッケ・ホモー
“この人を見よ”

『新約聖書』の「ヨハネによる福音書」より。ユダヤの総督ピラトが、民衆の前で、茨の冠をかぶったイエスを指さして言ったことば。キリスト教美術の主題になりました。

Fiat lux

フィーアット・ルクス
"光あれ"

『旧約聖書』の「創世記」より。初めに天と地を創造した神が、闇に包まれた世界を前にして言った言葉。力強いメッセージ性があり、企業や学校のキャッチフレーズにも使われます。

In Nomine Patris, et Filii, et Spiritus Sancti

イン・ノーミネ・パトリス, エト・フィーリイー,
エト・スピーリトゥス・サンクティー
"父と子と聖霊のみ名によって"

カトリック教会の「十字架のしるし」という祈りの言葉。このフレーズのあとに、「アーメン」が続きます。アーメンはヘブライ語で、「まことに」「そうなりますように」という意味。

Noli me tangere

ノーリー・メー・タンゲレ
"我に触れるな"

『新約聖書』の「ヨハネによる福音書」より。イエスは復活後、マグダラのマリアの前に現れました。これは、マリアがキリストに触ろうとしたときに、イエスが言った有名な言葉です。

英単語

▶ September

セプテンバー
9月

076

Capitulum I

身近な英単語の語源

ルーツのラテン語

septem

読み：セプテム
意味：7、7の
英語：seven(7)
関連語句：なし

ローマ暦では1年の7番目の月だった

　September(9月)の語源がラテン語でseptem(数字の7)なのは、不思議です。これは、紀元前8世紀頃に用いられていたローマ暦では現在の3月が1年のはじまりであり、現在の9月がそこから数えて7番目だったからです。同じように、10月は8番目(octo)なのでOctober、11月は9番目(novem)なのでNovember、12月は10番目(decem)なのでDecemberとなりました。

　なお、カトリックでは9月29日に「大天使聖ミカエル聖堂献堂式の記念」(通称：聖ミカエル祭／Michaelmas)が行われます。これは、天使の長ともいわれる大天使ミカエルに収穫を感謝する行事です。クリスマスに比べるとささやかですが、いまでも祝われています。丸ごとのガチョウのローストを食べると、一年間は悪運がつかないというおまじないがあります。

『聖ミカエル』
ジョルダーノ

大天使ミカエルが悪魔を倒す物語は、「ヨハネの黙示録」に記されています。

英単語

▶ senior

シニア

先任の、上級の、年上の

077

Capitulum I 身近な英単語の語源

ルーツのラテン語

senex

読み：セネクス
意味：高齢の、老いた
英語：aged（高齢の）
関連語句：① senator（上院議員）、
② sir（旦那様）

メモ
senator（上院議員）は、古代ローマの立法・諮問機関である元老院（senatus）に由来します。

『元老院でカティリナを非難するキケロ』
マッカリ

クーデターを計画した政務官のカティリナは、執政官のキケロに弾劾されます。

英単語
▶ sign
サイン
しるし、シンボル、徴候

078

ルーツのラテン語
signum

読み：シグヌム
意味：しるし、封印、前兆
英語：sign(しるし)
関連語句：① signal(合図)、
　　　　　② design(デザイン)

メモ

designは、ラテン語のdesigno(印をつける、区分けする)に由来します。

19世紀の南半球の星図。
signは「星座」をあらわすこともあります。

英単語

▶ **siren**

サイレン
警笛、サイレン

079

Capitulum I 身近な英単語の語源

ルーツのラテン語

Siren

読み：シーレーン
意味：セイレーン（海のニンフ）
英語：Siren（セイレーン）
関連語句：なし

メモ

ギリシャ神話のセイレーンたちは、美しい歌声で船乗りたちを惑わせました。これがサイレンの由来です。

『ユリシーズとセイレーン』（部分）
ドレイパー

トロイア戦争からの帰路にあるオデュッセウスらを襲うセイレーンたち。

英単語

▶ **salad**

サラダ
サラダ

080

ルーツのラテン語

sal

読み：サール
意味：塩、機知
英語：salt(塩)
関連語句：① salami(サラミ)、② sauce(ソース)、③ salary(給料)

メモ
古代ローマの軍人の給料 salarium が由来ですが、塩を支給されていたわけではなく、理由は不明です。

英単語

▶ **science**

サイエンス
科学

081

ルーツのラテン語

sciens

読み：スキエンス
意味：知っている、精通している
英語：familiar(精通している)
関連語句：① nice(立派な)、② conscience(良心)

メモ
nice は反対語の nesciens(無知の) に由来します。もともとは悪い意味だったのです。

103

英単語

▶ tempo

テンポ

速度

082

Capitulum I　身近な英単語の語源

ルーツのラテン語

tempus

読み：テンプス
意味：時、時間、季節
英語：time（時、時間）
関連語句：① contemporary（同時期の）

メモ

tempo は、tempus から生じたイタリア語の tempo（時間）が由来です。テンポは日本語にもなっています。

『オペラ座のオーケストラ』（部分）
ドガ

ファゴット奏者の目線の先では、テンポを刻む指揮者がタクトを振っているのでしょう。

英単語

▶ **unique**
ユニーク
唯一の、類のない

083

ルーツのラテン語

unus

読み：ウーヌス
意味：1人の、1つの、唯一の
英語：one（1）
関連語句：①uniform（制服）、
　　　　　②unit（構成単位）

メモ

uniqueは、unusから派生したunicus（唯一の）が直接の由来です。ユニークも日本語になっています。

『1581年11月16日のイワン雷帝とその息子イワン』（部分）
レーピン

イワン雷帝は誤って唯一の健常な息子を殺してしまいました。フランス語ではひとり息子をfils uniqueといいます。

105

英単語

▶ victory

ヴィクトリー
勝利、征服

084

Capitulum I
身近な英単語の語源

ルーツのラテン語

victoria

読み：ウィクトーリア
意味：勝利、成功
英語：victory（勝利）
関連語句：① conviction（確信）、
② victor（征服者）

メモ

ラテン語には、女性名詞にすると意味が抽象化されるという特徴があります。Justitia（P.62）も同様です。

大英帝国の女王の名前にもなった

ラテン語で「勝利者」を意味するvictorから派生した女性名詞victoriaが、英語のvictoryの語源です。

「勝利」も「運」（P.42）や「正義」（P.62）と同じように、しばしば擬人像が描かれます。女神の名前はウィクトーリア（Victoria）で、たいてい「悪」の象徴を打ち負かす様子であらわされます。ウィクトーリアは、古代ローマで篤く信仰されていました。

また、Victoriaは女の子の名前にも使われます。代表格は19世紀イギリスのヴィクトリア女王でしょう。ヴィクトリア女王は63年もの長きにわたり君主として在位し続け、大英帝国の繁栄を支えました。ちなみに男性の場合はヴィクター（Victor）で、かつて日本の電機メーカーの企業名になっていました。

106

『勝利の寓意』
マチュー・ル・ナン

女神ウィクトーリアが踏みつけているは、足先が蛇になった「邪悪」です。

英単語

▶ versus
ヴァーサス
〜対…

085

Capitulum I 身近な英単語の語源

ルーツのラテン語

verto

読み：ウェルトー
意味：回す、向きを変える
英語：turn
関連語句：① verse(韻文)、
② version(バージョン)、③ vertical(垂直の)

メモ

verseは、vertoから派生したversus(畑の畝の溝)に由来します。韻文も溝も、規則正しく並んでいるのが共通です。

『ダヴィデに襲いかかるサウル』
グエルチーノ

イスラエル王サウルは、英雄ダヴィデに対して嫉妬し殺意を抱きます。

英単語
▶ via

ヴィア

〜を通って、〜を経由して、〜によって

086

ルーツのラテン語
via

読み：ウィア
意味：道、通り
英語：street（道、通り）
関連語句：① trivia（つまらないこと、雑学的知識）

メモ

trivia はもともと「三叉路」のこと。人であふれ返っていたことから、「トリビア」に結びつきました。

『ゴルゴタへの道』（部分）
ティツィアーノ

イエスは十字架を背負い、Via Dolorosa（苦難の道）を通ってゴルゴタへ連行されました。

Capitulum I

身近な英単語の語源

英単語

▶ **very**

ヴェリー

非常に、とても

087

ルーツのラテン語

verus

読み：ウェールス
意味：真実の、本物の
英語：true（真実の）
関連語句：① verify（立証する）

英単語

▶ **vitamin**

ヴァイタミン

ビタミン

088

ルーツのラテン語

vita

読み：ウィータ
意味：生存、生命、人生
英語：life（生命、人生）
関連語句：① vitality（生命力）

メモ

vitamin は、vita と amine（化合物名）から 20 世紀になってつくられた造語です。

英単語
▶ zephyr
ゼファー
やわらかな西風、そよ風

089

ルーツのラテン語
zephyrus

読み：ゼフュルス
意味：西風
英語：zephyr（西風）
関連語句：なし

メモ
ギリシャ神話の西風の神ゼフュロスには南風と北風という兄弟がいます。神話ではゼフュロスが最も活躍します。

『春の寓意』（部分）
ティエポロ

花の女神フローラ（画面上）は、西風（下）に触れられて花を咲かせます。春の訪れです。

Capitulum I 身近な英単語の語源

英単語

▶ **zodiac**

ゾディアック
黄道帯(獣帯)、十二宮図

090

ルーツのラテン語

zodiacus

読み：ゾディアクス
意味：黄道帯
英語：zodiac(黄道帯)
関連語句：① zoo(動物園)

メモ

ギリシャ語のゾーディアコス(獣の)に由来。黄道帯に獣の星座が多いことから名づけられました。zooはギリシャ語のゾーオン(生物)が由来です。

英単語

▶ **zone**

ゾーン
地帯、地区

091

ルーツのラテン語

zona

読み：ゾーナ
意味：帯
英語：zone(帯状の区域)
関連語句：なし

メモ

ギリシャ語のゾーネー(帯)に由来します。ちなみにオリオン座の帯の三つ星は、ラテン語でzonaと呼ばれます。

ローマ神話の神様の名前

ギリシャの神々と比べて知名度は低いが惑星や月の名前に使われている

　　　　　全能の神ゼウス、知恵の女神アテナ、太陽神アポロン……。ギリシャ神話には、よく知られた神々がたくさんいます。一方、ローマ神話となるとどうでしょうか？　あまりピンとこない方も多いかもしれません。では「ヴィーナス」はどうでしょうか？　ヴィーナスはローマ神話の美の女神ウェヌス（Venus）を英語読みしたものです。ウェヌスはギリシャ神話のアフロディテにあたります。

　また、ヒット曲のタイトルとしておなじみの「ジュピター」は木星を指しますが、もともとはローマ神話のユピテル（Jupiter）から来ています（そもそも「ジュピター」はイギリスの作曲家ホルストの管弦楽組曲『惑星』のうちの1曲「木星」がもとになっています）。ユピテルは、ギリシャ神話のゼウスにあたります。

　一大帝国を築き上げた古代ローマですが、文化的には偉大な古代ギリシャの影響から逃れられませんでした。信仰でも同様です。ローマにも門の守護神ヤヌスや建国の祖の1人ロムルスと同一視されたクゥイリーヌス、果樹の女神ポモナなどの土着の神々がいて、人々の信仰を集めていました。しかし、やがてギリシャの神々にのみ込まれるように同化していきました。そのため、ローマ神話の神々には、それと対になるギリシャ神話の神々がいるケースが多く見られます。神としてはギリシャの神の陰に隠れがちですが、ローマ神話の神々は、惑星の名前や月の名前（Janus→January）に使われるなどして、私たちの世界に溶け込んでいます。

Column 03

ローマ神話の主な神

神様の名前	ラテン語表記	ギリシャ神話	特徴
ユピテル	Jupiter	ゼウス	全知全能の最高神。木星
ユノー	Juno	ヘラ	結婚の女神。ユピテルの妻
ミネルゥァ	Minerva	アテナ	知恵、技術と工芸の神
ウェヌス	Venus	アフロディテ	愛と美の女神。金星
マルス	Mars	アレス	戦争の神。火星
メルクリウス	Mercurius	ヘルメス	商業の神。水星
サトゥルヌス	Saturnus	クロノス	農業の神。土星
ネプトゥヌス	Neptunus	ポセイドン	海神。海王星
ウーラヌス	Uranus	ウーラノス	天空の神。天王星
プルートー	Pluto	ハデス	冥界の神。冥王星
フローラ	Flora	－	花の女神
ヤヌス	Janus	－	扉（はじまり）の神。1月の由来

Capitulum
II

フィクションの世界

映画

▶ Expecto patronum

エクスペクト・パトローナム

『ハリー・ポッター』シリーズの呪文

092

Capitulum II

フィクションの世界

ルーツのラテン語

Expecto/patronus

読み：エクスペクトー／パトローヌス

意味：待つ、期待する／庇護者、守護聖人

英語：expect(期待する)／patron(後援者)

関連語句：① suspect(疑う)／① pattern(模範)

ラテン語の勉強になりそうなベストセラー

　世界的な人気を呼んだファンタジー小説『ハリー・ポッター』シリーズの世界には、たくさんのラテン語が隠されています。代表的なものが、ハリーたち魔法使いが使う呪文です。「エクスペクト・パトローナム」は、魔法をかける人物が最も幸せな記憶を思い浮かべることで、吸魂鬼から防御するという呪文で、日本語に訳すと「私は守護霊を待ち望む」。ほかにも、杖に灯りを灯すルーモス (lumino＝照らす ※中世ラテン語)、敵に苦しみを与えるクルーシオ (crusio＝苦しめる ※中世ラテン語) などにもラテン語が関係しています。

　また、登場人物名にもラテン語由来が少なくありません。たとえば、ホグワーツ魔法魔術学校の校長アルバス (albus＝白い)・ダンブルドア、厳格な教師セブルス (severus＝厳しい)・スネイプなどです。

スコットランド西部にあるグレンフィナン高架橋は、映画『ハリー・ポッターと秘密の部屋』のロケ地の1つです。

映画

▶ # Bellatrix

ベラトリックス

ベラトリックス・レストレンジ（『ハリー・ポッター』シリーズの闇の魔法使い）

093

ルーツのラテン語

bellatrix

読み：ベラートリクス

意味：女戦士

英語：female soldier(女性戦士)

関連語句：なし

メモ

もともとはbello（戦う）から派生しました。bellator（戦士）の女性形がbellatrixです。

Capitulum II　フィクションの世界

オリオン座γ星（写真中央の白い星）は、ベラトリックスと名づけられています。

映画

▶ **Expelliarmus**

エクスペリアームス

『ハリー・ポッター』シリーズの呪文

094

ルーツのラテン語

expello

読み：エクスペロー

意味：追い出す、追い払う、押し出す

英語：expel(追い出す)

関連語句：① appeal(訴える)、② propeller(プロペラ)

メモ

エクスペリアームスは、相手に武装を解除させる呪文です。

映画

▶ **Stupefy**

ステューピファイ

『ハリー・ポッター』シリーズの呪文

095

ルーツのラテン語

stupeo

読み：ステュペオー

意味：ぼうっとする、仰天する

英語：be shocked(衝撃を受ける)

関連語句：① stupid(馬鹿な)

メモ

ステューピファイは、相手を麻痺させて動けなくする呪文です。

映画

▶ Furiosa

フュリオサ
映画『マッドマックス』シリーズの主人公

096

Capitulum II

フィクションの世界

ルーツのラテン語

furiosus

読み：フリオースス
意味：狂乱した、狂暴な
英語：furious(怒り狂った)
関連語句：① fury(激怒)

独裁者に復讐を誓う女戦士

　映画『マッドマックス 怒りのデス・ロード』は、2015年に公開され、日本でも大ヒットを記録しました。水や資源が枯渇する荒廃した世界で、トラウマを抱える元警官マックスと、女性レジスタンスの指導者フュリオサが、独裁者イモータン・ジョーを相手に死闘を繰り広げるアクション大作です。ヒロインのフュリオサが復讐の化身となった経緯は、2024年公開の続編『マッドマックス：フュリオサ』で描かれました。

　フュリオサの語源は、ローマ神話の復讐の女神たちフリアエ (Furiae) で、furiosus(怒り狂った)、furia(狂乱、激怒)、furiose(狂ったように) などの関連語があります。これらは英語で「激怒」をあらわす fury や「怒り狂った」を意味する furious の語源にもなりました。

120

荒廃した世界が舞台の映画『マッドマックス 怒りのデス・ロード』は、ナミブ砂漠などで撮影されました。

映画

▶ Omen

オーメン
1976年公開の映画のタイトル

097

Capitulum II フィクションの世界

ルーツのラテン語

omen

読み：オーメン
意味：前兆、吉兆、凶兆
英語：omen(前兆、予言)
関連語句：① ominous(不吉な)、② abominable(ひどく嫌な)

「悪魔の子」が呼び寄せる不吉な前兆

　1976年に公開され、世界的にヒットを記録した『オーメン』は、オカルト映画の代名詞的な作品の1つになりました。イタリアに駐在するアメリカ人外交官ロバートは、死産した息子のかわりに、同じ日の同じ時刻(6月6日午前6時)に誕生した男の子を引き取ります。ダミアンと名づけられた男の子はイギリスで成長しますが、やがて周辺では、ダミアンが「悪魔の子」であることを示唆する、さまざまな前兆があらわれはじめます。

　作品名の「オーメン Omen」は、語源となったラテン語同様に、「前兆」の意味を持つ英語です。良い前兆(吉兆)、悪い前兆(凶兆)の両方の意味で使うことができるので、明確にしたい場合は、good omen、bad omen を用います。日本語の「虫の知らせ」も、omen にあたります。

『オーメン』はシリーズ化され、2024年に『オーメン:ザ・ファースト』が公開されました。これはそのポスターです。

映画

▶ E.T.

イーティー

アメリカ映画『E.T.』の地球外生命体

098

Capitulum II

フィクションの世界

ルーツのラテン語

extra/terra

読み：エクストゥラー／テッラ
意味：外の／地球
英語：extra（外の）／terra（地球）
関連語句：① terrarium（土手）

E.T. は愛称というより略語だった

　スティーヴン・スピルバーグの代表作の1つ『E.T.』（1982年）は、エリオット少年と「E.T.」の交流を描いた、心温まる作品です。日本では『E.T.』のみのタイトルで知られますが、原題は「E.T. The Extra-Terrestrial」。「E.T.」が何の略であるかが示されています。

　The Extra-Terrestrial は「地球外生命体」、つまり「宇宙人」のことです。extra（外の）は英語でも同じように使われますし、terra が earth のかわりに地球の意味で使われることもあります。terrestrial はその terra から派生した英語で、「地球の」を意味します。

　terra から派生したラテン語には terrarium（土手）があります。現在では、ガラス容器で動植物を育てることをテラリウムといいます。

エリオット少年が「E.T.」の力で月夜を飛ぶ名場面。

ドラマ

▶ Ultraman

ウルトラマン

「ウルトラマン」シリーズの主人公

099

Capitulum II

フィクションの世界

ルーツのラテン語

ultra

読み：ウルトゥラー
意味：向こう側に、（空間・時間・程度が）〜を超えて
英語：beyond（向こう側に）
関連語句：①ultimate（究極の）、②ultraviolet（紫外線）

地球の人類を救う宇宙人といえば……

　ウルトラマンは、日本人なら誰もが知っている、国民的なスーパーヒーローです。では、「ウルトラマン」とは誰がいつ名づけたのでしょうか。少なくとも、ウルトラマン自らが名乗ったわけではないようです。1966（昭和41）年に放映を開始した初代『ウルトラマン』では、科学特捜隊のハヤタ隊員が、「M78星雲の宇宙人」を「ウルトラマン」と呼びました。そのとき、ウルトラがラテン語起源であり、空間や時間、程度や量において「〜を超えて」という意味があることを知っていたのでしょうか。

　いまでは、日本人なら「ウルトラ」という言葉をきくと、頭の中でウルトラマンが自然に思い浮かび、そして「なにやら人知を超えた力を持つ」という意味合いを結びつけるまでになっています。

ウルトラマンの顔に似ていることから
名づけられた、通称「ウルトラマンホヤ」。

漫画

▶ Atom

アトム
『鉄腕アトム』の主人公

Capitulum II フィクションの世界

100

ルーツのラテン語

atomus

読み：アトムス
意味：原子、分子、切り分けられない
英語：atom（原子、微粒子）
関連語句：① atomic（原子の、原子力の）

ギリシャ語起源のラテン語がルーツ

　『鉄腕アトム』は、21世紀の未来を舞台に、10万馬力のロボット少年アトム
が活躍するSF漫画です。作者は手塚治虫で、月刊少年漫画雑誌『少年』
の1952（昭和27）年4月号から連載が開始され、のちにアニメ化されています。

　atomは英語で「原子」を意味しますが、もともとはギリシャ語のatomon
（これ以上分解できないもの）であり、それがラテン語でatomusになりました。

　「物質は、それ以上分割できない最小の単位に到達する」という説を唱え
た古代ギリシャの哲学者レウキッポス、デモクリトスらによって、この単位が
「原子」と名づけられたといわれています。

　ちなみに『鉄腕アトム』の主人公はアトムですが、ほかにもアトムの妹ウラン、
弟コバルトといったロボットが登場します。ウランとコバルトは元素です。

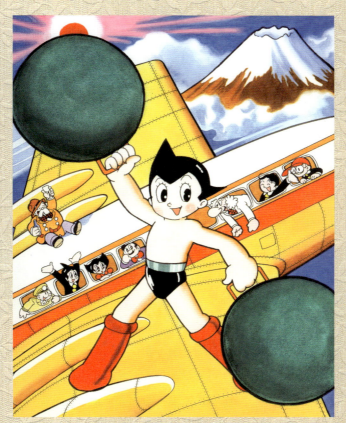

「鉄腕アトム　第三の魔術師の巻」(『少年』1962年1月号 本誌扉絵)
© 手塚プロダクション

アニメ

► Evangelion

エヴァンゲリオン

『新世紀エヴァンゲリオン』の汎用人型決戦兵器

101

Capitulum II

フィクションの世界

ルーツのラテン語

evangelium

読み：エーウァンゲリウム
意味：福音、福音書
英語：evangel(福音、福音書)
関連語句：① evangelist(福音書記者)

人類の救いを説くキリスト教の教え

　『新世紀エヴァンゲリオン』は、庵野秀明原作・監督によるアニメーション作品です。1995(平成7)年にテレビで放映されて以来、社会現象になるほどの人気となり、その影響は海外にまで及んでいます。エヴァンゲリオンとは、パイロットが神経をシンクロさせることで作動する汎用人型決戦兵器のことです。物語は、パイロットの少年少女たちとエヴァンゲリオン、敵である謎の生命体「使徒」との闘いを軸に展開します。

　エヴァンゲリオンの語源は、ギリシャ語で「よい知らせ」を意味するeuangelionで、のちに「福音」を意味するようになりました。ラテン語ではevangeliumです。福音とは、イエス・キリストによって人類は救われるというキリスト教の教えのことで、新約聖書の『福音書』もevangeliumです。

映画に登場する半水上都市は、箱根の芦ノ湖周辺といわれています。

アニメ

▶ Magica

マギカ

『魔法少女まどか☆マギカ』のタイトルの一部

102

ルーツのラテン語

magicus

読み：マギクス
意味：魔術の、魔法の
英語：magic（魔法、奇術）
関連語句：① magician（手品師）

Capitulum II

フィクションの世界

ヨーロッパに古くからあった「魔術」

　『魔法少女まどか☆マギカ』は 2011（平成 23）年に放映されたアニメ作品
で、原作がないにもかかわらず多くのファンを獲得し、映画化もされました。
タイトルからわかる通り、主人公は魔法を駆使する少女の「まどか」です。ま
どかを含む 5 人の魔法少女が、異形の魔女たちと闘いを繰り広げます。

　「魔法」や「手品」をあらわす日本語としても通用するマジック magic は、
ギリシャ語の magos、そしてラテン語の magice が語源ですが、インド・ヨー
ロッパ語諸族の源流をたどると、古代イランのメディア王国で神官を称した
マグ（magu）にたどり着くようです。ギリシャ神話には、キルケーやメディア
などの魔女が登場しますが、それより古いヨーロッパ世界では、どのような
魔法使いや魔女が跋扈していたのでしょうか。

満月をバックにした、魔女のかたちの吹き流し。

漫画

▶ Saint

セイント
『聖闘士星矢(セイントセイヤ)』の戦士たち

103

Capitulum II
フィクションの世界

ルーツのラテン語

sanctus

読み：サンクトゥス
意味：神聖な、不可侵の、聖人
英語：saint(神聖な、聖人)
関連語句：① sanctuary(聖域)

ギリシャやローマ文化とも親和性のある作品

　『聖闘士星矢』は、1986(昭和61)年から『週刊少年ジャンプ』で連載がはじまった、車田正美原作の漫画作品です。ギリシャ神話をモチーフにしており、戦士(聖闘士)たちは星座を模した「聖衣(クロス)」という武具をまとって闘います。聖衣はフィギュア玩具にもなり、大ヒットしました。

　saintは英語で「神聖な」「聖人」を意味し、語源はラテン語のsanctusです。女神アテナを守る聖なる戦士であることから、戦士たちは聖闘士(セイント)と名づけられたのでしょう。

　ちなみに、もともとギリシャ神話をもとにしていることもあり、『聖闘士星矢』には、ギリシャ語由来で、その後ラテン語経由で英語になった単語が登場します。それは、聖闘士が力の源にするコスモ(ラテン語のcosmos)です。

『聖闘士星矢』の「十二宮編」では、アテネ（ギリシャ）のアクロポリスで死闘が繰り広げられました。

漫画

▶ Thermae Romae

テルマエ・ロマエ

ヤマザキマリの漫画のタイトル

104

Capitulum II

フィクションの世界

ルーツのラテン語

thermae/Roma

読み：テルマエ／ローマ
意味：温浴場、公衆浴場／ローマ
英語：spa(温泉地)／Roma(ローマ)
関連語句：① thermal(熱の)、② thermometer(温度計)

古代ローマと日本の共通点は温泉

　『テルマエ・ロマエ』は、イタリア在住の漫画家ヤマザキマリが、2008(平成20)年に連載を開始した漫画作品です。日本とは「温泉文化」という共通点のある古代ローマの設計技師ルシウス・モデストゥスが、現代日本にタイムスリップするという奇想天外な設定が受け、大ヒットしました。

　古代ローマでは公衆浴場を thermae といいます。公衆浴場は、ローマ市民の日常的な娯楽として欠かせない存在でした。thermae は現代イタリア語で「スパ」を意味するtherme となったほか、日本にも施設名に「テルメ」がついた温泉施設がいくつかあります。日本は世界的にも有名な温泉大国ですが、イタリアにも2000以上の温泉が湧き出しているといわれます。なかには世界遺産に登録されている温泉地もあります。

『ポンペイの浴場』
ドメニコ・モレッリ

古代ローマの都市遺跡ポンペイには、公衆浴場の跡が残されています。

ゲーム

▶ Kamex

カメックス
ポケモンのキャラクター

105

ルーツのラテン語

rex

読み：レクス
意味：王、君主
英語：king(王)
関連語句：① reign(君臨する)、② rich(豊富な)、③ royal(国王の)

映画

▶ Matrix

マトリックス
映画シリーズ『マトリックス』のタイトル

106

ルーツのラテン語

matrix

読み：マートゥリクス
意味：母体、基質
英語：matrix(母体、基盤、配列)
関連語句：① madrigal(叙情短詩)

> **メモ**
> 「母」「源」「母国」を意味するmaterから派生。いずれも「何かを生み出すもの」の意味が込められています。

映画

▶ **Optimus**

オプティマス

『トランスフォーマー』シリーズのキャラクター

107

ルーツのラテン語

optimus

読み：オプティムス

意味：最もよい

英語：best（最もよい）

関連語句：① optimism（楽観主義）、② optimize（最適化する）

メモ

optimus は、bonus（よい、たくさんの）の最上級です。ちなみに、比較級は melior といいます。

映画

▶ **Spectre**

スペクター

007シリーズに登場する秘密組織

108

ルーツのラテン語

spectrum

読み：スペクトゥルム

意味：影像

英語：spectre、specter（幽霊、不安材料）

関連語句：① spectacle（壮観）、② suspect（疑う）

メモ

「見る」を意味する動詞 specio が由来。スペクトラムは、光学や物理学では「連続体」をあらわします。

古代ローマの偉人

皇帝や軍人だけではない
ラテン語の文化が花開いたローマ帝国

　　　　　ローマ帝国の起源は、紀元前8世紀ごろにさかのぼります。このころ、ラテン人という民族がテベレ川の下流域に都市国家を築きました。なお、彼らの言葉がラテン語のもとになりました。その後、「狼に育てられた」という伝説をもつ双子の兄ロムルスが諸都市を従え、王政を敷きます。そして、前6世紀末からの共和制を経て、前27年にオクタウィアヌスが初代皇帝に即位。395年に帝国が東西に分裂するまで、400年以上続く帝政ローマの時代が幕を開けました。

　古代ローマの偉人というと、カエサルやアントニウスといった帝政以前の政治家や、暴君ネロ、領土を最大にしたトラヤヌスなどの皇帝たち、または、カルタゴのハンニバルを破ったスキピオといった軍人を思い浮かべるかもしれません。しかし一方で、ラテン語の文学、哲学、医学、公共建築などの文化が花開き、たくさんの偉人を輩出しました。

　たとえば文学の分野では、叙事詩『アエネイス』を著したウェルギリウス、『変身物語』のオウィディウスの作品は、いまでも読み継がれています。ネロの師でもあったストア派の哲学者セネカは多くの哲学書を残し、特に近世の思想家に大きな影響を与えました。

　また、キリスト教が生まれたのも帝政ローマの時代です。初期には迫害されますが、受容されていくにしたがって、聖人や殉教者、神学者が誕生しています。命がけで布教をした聖パウロ、自伝『告白』を著したアウグスティヌスなどは、キリスト教徒以外にもよく知られています。

古代ローマで活躍した人々

人物名	ラテン語表記	特徴
オクタウィアヌス	Octavianus	ローマ帝国の初代皇帝。別称アウグストゥスは「August(8月)」のもとになった。
ネロ	Nero	治世前半には善政を行ったが、のちにキリスト教徒を迫害するなど、暴君になった。
トラヤヌス	Trajanus	五賢帝（5代続いた名君）の2番目。彼の時代にローマ帝国の領土が最大になった。
スキピオ	Scipio	カルタゴの将軍ハンニバルを破り、「アフリカヌス(Africanus)」の称号を得た。
スパルタクス	Spartacus	剣闘士。自由と解放を求め、仲間とともに蜂起した。映画にもなっている。
ウェルギリウス	Vergilius	ラテン文学の詩人で、叙事詩『アエネイス』が代表作。ダンテの『神曲』に登場。
オウィディウス	Ovidius	ラテン文学の詩人で、ギリシャ神話の変身譚を扱った『変身物語』が代表作。
セネカ	Seneca	ストア派の哲学者、劇作家。『人生の短さについて』などの著作がある。
タキトゥス	Tacitus	歴史家。蛮族といわれていたゲルマン人の習俗をまとめた『ゲルマニア』を著した。
ガレノス	Galenos	小アジア出身の医学者。動物の解剖を行い、「自律神経」を発見した。
聖パウロ	Paulus	小アジアのユダヤ人。キリスト教に改宗後、ヨーロッパで熱心に布教した。
アウグスティヌス	Augustinus	ラテン語を駆使した神学者。その影響は、のちの西洋思想全体に及んでいる。

文学

▶ Campanella

カムパネルラ

宮沢賢治の『銀河鉄道の夜』の登場人物

109

Capitulum II

フィクションの世界

ルーツのラテン語

campana

読み：カムパーナ
意味：天秤、鐘
英語：bell(鐘)
関連語句：なし

銀河鉄道を旅する2人の少年の物語

　『銀河鉄道の夜』は、宮沢賢治の代表作の1つです。夢想好きな少年ジョバンニが友だちのカムパネルラと銀河鉄道の旅をするという幻想的な童話で、アニメや映画にもなっています。

　ジョバンニもカムパネルラやほかの登場人物たちも、イタリア語の名前がつけられています。一般的に男子の名前につけられるジョバンニと違い、カムパネルラは本来、イタリア語で「小さな鐘」を意味します。語源は中世ラテン語のcampana(天秤、鐘)に指小辞（小さいことを示唆する語）-laがついたcampanella(小さい鐘) です。

　ちなみに、ハンガリーの作曲家フランツ・リストには、小さい鐘の響きを表現した「ラ・カンパネラ」という有名なピアノ曲があります。

142

小さな鐘を組み合わせて旋律を演奏できるようにしたものを、カリヨンといいます。

文学

▶ Dracula

ドラキュラ

ブラム・ストーカーの恐怖小説の主人公

110

Capitulum II

フィクションの世界

ルーツのラテン語

draco

読み：ドラコー
意味：竜、蛇
英語：dragon（竜）
関連語句：① dragoon（竜騎兵）

メモ
ハリー・ポッターのライバル
でもあったドラコ・マルフォイ
の名前は、ここから採られた
と思われます。

親子で「竜」と呼ばれたワラキアの領主

　「ドラキュラ」は小説に登場する吸血鬼の1人の名前であって、吸血鬼の総称（英語）はvampire（ヴァンパイア）です。ドラキュラにはモデルになったとされる人物がいます。それは、15世紀のワラキア（現在のルーマニア南部）の領主ヴラド3世です。彼は、Dracul公（竜のような公爵＝ドラゴン公）と呼ばれた父ヴラド2世にならい、Dracula（竜の息子）公と呼ばれていました。ルーマニア語ではDrăculea（ドラクレア）といいます。

　実は、中央ヨーロッパにありながら、ルーマニア人のルーツは、イタリア人やスペイン人と同様、ラテン民族です。Drăculeaの直接の語源はdracoで、この語には竜や蛇という意味があります。そしてdracoのもとをたどると、「鋭い目を持つもの」を指すギリシャ語のdrakonに行きつきます。

144

ヴラド3世の串刺しの場面を描いたグロテスクな版画。

文学・宗教

▶ Lucifer

ルシファー／ルシフェル
聖書や「失楽園」などに登場する堕天使

111

Capitulum II

フィクションの世界

ルーツのラテン語

lux

読み：ルクス
意味：光、輝き、輝かしい存在
英語：light（光）
関連語句：① lux（ルクス、光の照度の単位）

メモ
光に関する単位にはルーメン（lumen）もあります。これは「光」「日光」をあらわすラテン語が起源です。

悪魔も以前は光輝く天使だった

　ルシファー（またはルシフェル）はもともと天界に住む天使でしたが、神に逆らい、ほかの反逆天使ともども下界に堕とされました。ルシファーは彼ら堕天使の長になり、神への反撃の機会をうかがいます。しばしば、ルシファーは悪魔（サタン）と同一視されることもあります。

　ルシファーの語源はラテン語で「光」をあらわすluxで、luciferには「光をもたらす」「明るくする」（形容詞）という意味が、大文字ではじまるLuciferには「明けの明星」「朝」という意味があります。ポジティブなイメージを持つ単語が、どうして悪魔を意味することになったのでしょう。それは、聖ヒエロニムスが『旧約聖書』をヘブライ語からラテン語に訳す際、「イザヤ書」にある「明けの明星」にあたる言葉を採用したからといわれています。

『再生』
ジャン・デルヴィル

イザヤ書には、「黎明の子、明けの明星よ、あなたは天から落ちてしまった」とあります。その後、堕天使ルシファーは、悪魔として再生します。

文学

▶ Nemo

ネモ船長
ジュール・ヴェルヌの『海底二万里』の主人公

112

Capitulum II

フィクションの世界

ルーツのラテン語

nemo

読み：ネーモー
意味：誰も〜ない、取るに足らぬ人
英語：no one（誰も〜ない）
関連語句：なし

メモ

アニメ映画『ファインディング・ニモ』の主人公、カクレクマノミのニモの名前は、ネモ船長から採られました。

意味深なニュアンスを持つ名前

19世紀フランスの作家ジュール・ヴェルヌは、『海底二万里』『地底旅行』といったSF小説、『八十日間世界一周』『十五少年漂流記』といった冒険小説など、現在も読み継がれるたくさんの名作を残しました。

『海底二万里』では、ネモ船長が潜水艦ノーチラス号に乗り、未知なる海底世界に探検に出かけます。ネモの名前の由来はラテン語で「誰も〜ない」をあらわすnemoで、一説にはホメロスの「オデュッセイア」で、オデュッセウスが1つ目の巨人に襲われた際（P.69）、名前を尋ねられて「誰でもない」と答えたというエピソードから採られたといわれています。

なお、ノーチラス号のノーチラス（Nautilus）はラテン語で「オウムガイ」「アオイガイ」を意味し、英語でも同様の意味で用いられます。

ネモ船長とノーチラス号の様子が描かれた木版画。

文学

▶ Tempest
テンペスト
シェイクスピアの戯曲

Capitulum II フィクションの世界

ルーツのラテン語

tempestas

読み：テムペスタース
意味：時間、天気、嵐、混乱
英語：tempest（大嵐、大騒ぎ）
関連語句：① tempestuous（大嵐のような、激情にかられた）

『ミランダ（第1幕第2場）』
ウォーターハウス

娘のミランダと孤島で暮らすプロスペローは、魔法で嵐を起こし、仇を乗せた船を岸におびき寄せます。

文学

▶ **Quo Vadis?**

クォ・ヴァディス

ヘンリク・シェンキェヴィチの小説

114

ルーツのラテン語

Quo Vadis?

読み：クゥオー・ウァーディス
意味：あなたはどこに行くのか？
英語：Where are you going ?
関連語句：なし

メモ
新約聖書で、使徒ペテロが
イエスに語りかけた言葉です。

文学

▶ **Utopia**

ユートピア

トマス・モアのラテン語の著作

115

ルーツのラテン語

utopia

読み：ユートピア
意味：どこでもない場所
英語：nowhere（どこにも〜ない）
関連語句：なし

メモ
utopiaは、uとtopiaを合わ
せた造語。ギリシャ語のウー
（否定）とトポス（場所）を合
わせてつくられました。

151

ラテン語由来の武器

響きがかっこいいラテン語は
ファンタジーの創作にぴったり

　ラテン語になじみがない現代人でも、ラテン語の響きには風格と気品を感じるのではないでしょうか。実際に、古今東西、創作物に登場する人物や武器、道具などに、ラテン語を潜ませるクリエイターがたくさんいました。ラテン語をもとにしたことを明らかにしていないケースも多いため、本当のところは想像するしかありません。しかし、その人物や武器の特徴がルーツとなったと考えられるラテン語の意味とぴったり合致することもあり、関連があったと思わずにはいられません。

　ここでは、ラテン語との結びつきを強く感じる、フィクションの世界の武器の名前を紹介します。ラインナップは古くは古代ローマの伝説から現代日本の人気アニメ・ゲームに至ります。ラテン語がエンターテインメントにも深く浸透していることがわかると思います。

ローマの中心部に残る「ドムス・アウレア」は、考古学者のガイドツアーの付き添いのもと、完全予約制で見学することができます。

アニメやゲーム、伝説に登場する武器

名称	ルーツの ラテン語	ラテン語の 意味	特徴や由来（説）
アダマンティウム	adamanteus	鋼鉄のような	アメコミ・MARVELに登場する架空の金属。ウルヴァリンの骨格と爪に結合する。
アンキーレ	ancile	聖なる盾	ローマ第2代の王ヌマ・ポンピリウスの時代に天から降下したといわれる盾。
エクウス	equus	馬	アニメ『コードギアス』シリーズのゲーム版に登場する4本脚の機動兵器。
エクスカリバー	chalybs	鋼鉄	「アーサー王伝説」で、アーサー王が所持する剣。由来には諸説ある。
エリュシデータ	elucido	輝く	アニメ『ソードアート・オンライン』の登場人物キリトが扱う武器。
ドムス・アウレア	Domus Aurea	皇帝ネロの 黄金宮殿遺跡	アニメ『Fate/EXTRA』シリーズに登場する宝具。宮殿を魔力で再現したもの。
ネビュラチェーン	nebula	霧、雲	漫画『聖闘士星矢』シリーズの戦士、アンドロメダ星座の瞬が装備している鎖。
ペルグランデ	pergrandis	非常に大きな	アニメ『機動戦士ガンダムSEED ASTRAY』シリーズに登場するモビルアーマー。
ロンギヌスの槍	Longinus	ローマ軍の 兵士の名前	十字架にかけられたイエスを突いた槍。『新世紀エヴァンゲリオン』にも登場。

Column 05

『槍の一突き』
ボルスヴェルト

ローマ軍の兵士ロンギヌスは、イエスの生死を確かめるために槍で脇腹を突きました。盲目だった彼は、イエスの血を浴びて視力を回復し、改心してキリスト教徒になりました。

Capitulum
III

企業や商品の名前

企業

▶ AEON

イオン
日本の大手スーパー

116

Capitulum III

企業や商品の名前

ルーツのラテン語

aeon

読み：アエオン
意味：永遠、生涯、世代
英語：eon、aeon（非常に長い間、永遠）
関連語句：①age（年齢）、②aging（年を取ること）

「スーパー」も「マーケット」もラテン語から

　イオンの公式ホームページによると、「『イオン（AEON）』は、ラテン語で『永遠』を意味します」と記載があります。aeonは「非常に長い間」「永遠」をあらわすギリシャ語由来のラテン語で、古典期以降に使われるようになった比較的新しい単語です。古典期に「永遠」の意味で使われていたのはaevumで、その派生語であるaeternitas（アエテルニタース）から、英語で一般的に「永遠」をあらわすeternity が生まれました。aeonは、「永遠」や「10億年」という意味で、英語として使われることがあります。

　ちなみに、スーパーマーケットの「スーパー（super）」の語源は、ラテン語で「～の上に」「～を越えて」「～以上に」をあらわすsuper、「マーケット（market）」の語源は「売買する」「取引する」をあらわすmercor です（P.170）。

156

ゾロアスター教のアテシュギャーフ寺院の「永遠の火」（アゼルバイジャン）。地中から湧き出したたガスが自然発火したもので、数千年間燃え続けているといいます。

企業

▶ Audi

アウディ
ドイツの自動車メーカー

117

Capitulum III 企業や商品の名前

ルーツのラテン語

audio

読み：アウディオ
意味：聞こえる、聴く
英語：listen（聴く）
関連語句：① audience（聴覚の）、② audible（聞こえる）、③ obey（従う）

創業者の姓をラテン語であらわした

自動車メーカーの企業名の由来がラテン語で「聴く」だと聞くと、不思議な感じがするかもしれません。この名前はちょっとした思いつきでつけられました。当時、創業者アウグスト・ホルヒ（August Horch）は会社の命名に悩んでいました。そのことを知った当時のビジネスパートナーの息子は、姓Horchがドイツ語で「聞く」を意味するhorchenの活用形に近いことから、それをラテン語にすることを提案したそうです。ヨーロッパのインテリ層の間でのラテン語人気のほどがうかがえるエピソードです。

なお、自動車関連にはラテン語由来の命名が多く、このあとのページにも登場します。ただしイタリアのFiatはいかにもラテン語由来に思えますが、ラテン語で「なる」を意味するfioの活用形fiatとは関係がないようです。

観客席や講堂を意味する「auditorium」も、語源はAudiと同じです。

企業

▶ Canon

キヤノン
日本のカメラメーカー

118

Capitulum III

企業や商品の名前

ルーツのラテン語

canon

読み：カノーン
意味：規範、基準、聖書の聖典
英語：canons（規範）
関連語句：①canonist（教会法の専門家）

企業名の前身は観音様だった

　企業名・ブランド名のキヤノンは、英語のcanonを意識して命名されました。canonは、ラテン語のcanon、さらにさかのぼればギリシャ語のkanonに行きつきます。意味はほとんど同じです。おもしろいことに、カメラの最初の試作機は「KWANON（カンノン）＝観音」と名づけられ、世界で通用するブランド名になるようにとの願いを込めて「キヤノン＝聖典、規範」とブランド名が変更されました。キリスト教色の強い単語が仏教の観音様と結びついたわけですが、ボーダレスな企業にふさわしい変更だったのではないでしょうか。

　なお、カノンといえば「パッヘルベルのカノン」の旋律を思い出す人も多いかもしれません。ここでいう「カノン」は、1つのメロディを複数のパートが追いかけるように演奏していく様式のことをいいます。

「パッヘルベルのカノン」で有名な作曲家、ヨハン・パッヘルベルゆかりの聖ゼーバルドゥス教会(ニュルンベルク、ドイツ)。

企業

▶ Excelsior

エクセルシオール

日本のカフェチェーン

119

Capitulum III

企業や商品の名前

ルーツのラテン語

excello

読み：エクスケロー

意味：突出する、優れる

英語：excel(優れる)

関連語句：① excellence(優れていること)、② excellent(優れている)、
　　　　　③ excel(優れている)

「ほかより優れている」ことを示したい

　カフェチェーンの名前の由来がラテン語であるという記載はありませんが、excelsiorは英語やイタリア語にもあり、いずれも「より優れている」をあらわす形容詞です。excelsiorの語源はラテン語でほかのものより「優れている」ことを意味するexcelloで、excelloは比較的よく知られている英語excellentにも派生しています。

　また、ExcelといえばMicrosoftの有名な表計算ソフトが思い浮かびます。この名前の由来には諸説ありますが、いずれにしろほかより「優れた」という意味合いを持たせたかったようです。

　ちなみに、大文字ではじめる英語のExcellencyは、人名につけられると「閣下」という敬称になります。

ミュンヘン(ドイツ)の4ツ星ホテル、エクセルシオール バイ ガイゼルのレストラン。

チーム

▶ Juventus

ユヴェントゥス
イタリアのサッカークラブ

120

ルーツのラテン語

juventus

読み：ユウェントゥース
意味：青春期、若者たち
英語：adolescence、youth（青年期）
関連語句：① young（若い）、② junior（年下の）

Capitulum III

企業や商品の名前

関連語には「青春の女神」の名前も

　イタリア・プロサッカーリーグのセリアAには、「ユヴェントスFC（Juventus Football Club）」というチームがあります。トリノを拠点に、リーグ優勝36回を誇る名門です。このチーム名の由来は、ラテン語で「青春期」「若者たち」を意味するjuventusです。これは「若い」「青年」という意味のjuvenisから派生しています。juvenisは英語のyoungやjuniorのもとになりました。

　また、「若さ」も「正義」や「勝利」などと同じように擬人化されて、ローマ神話の青春の女神Juventas（ユウェンタース）になっています。ユウェンタースは最高神ユピテルとユノーの娘で、ギリシャ神話ではヘーベーにあたります。この女神は青春の美しさではなく健康や健やかな肉体の守り神だったようで、その意味で、サッカーチームの名称にピッタリです。

164

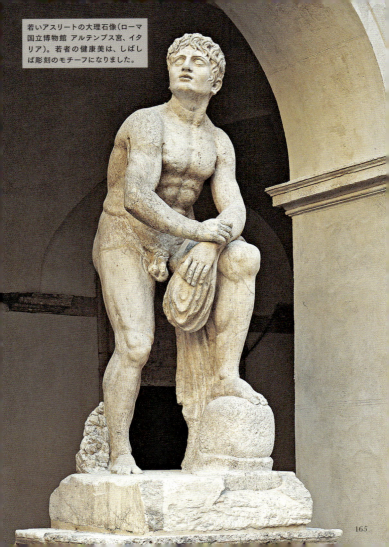

若いアスリートの大理石像(ローマ国立博物館 アルテンプス宮、イタリア)。若者の健康美は、しばしば彫刻のモチーフになりました。

商品

▶ Lacryma Christi

ラクリマ・クリスティ

イタリア・ワインの名前

121

Capitulum III

企業や商品の名前

ルーツのラテン語

lacrima/Christus

読み：ラクリマ／クリストゥス

意味：涙／キリスト

英語：tear(涙)／Christ(キリスト)

関連語句：①lachrymal(涙もろい)／
①Christian(キリストの)、②Christmas(クリスマス)

伝説から名づけられた名産ワイン

　「ラクリマ・クリスティ」は、南イタリアのカンパーニア州で生産される赤ワイン・白ワインです。ラクリマ・クリスティを日本語に訳すと、「キリストの涙」になります。この地には、神がつくった美しい街ナポリの荒廃を嘆き悲しみ、イエス・キリストが天上から流した涙が落ち、そこからブドウの樹が生えてきたという美しい伝説が伝わります。

　lacrimaはイタリア語 (lacrime)、スペイン語 (lágrimas)、フランス語 (larmes)で「涙」をあらわす単語の語源になっています。ゲルマン語系である英語のtearのルーツは古ゲルマン語ですが、英語にはlacrima が語源になったlachrymal(涙もろい) という単語があります。このように、さまざまなルーツを持つ単語が混然一体となって、1つの言語が成り立っています。

ラクリマ・クリスティは、キリストの涙伝説が残るヴェスヴィオ火山周辺で生産されます。

商品

▶ Lotus

ロータス
アメリカのソフトウェア・ブランド

122

Capitulum III

企業や商品の名前

ルーツのラテン語

lotus

読み：ロートゥス
意味：スイレン
英語：lotus（ハス、スイレン）
関連語句：なし

創業者が仏教思想から名づけた

　ロータスは、表計算ソフトウェア Lotus1-2-3 などで知られるソフトウェア・メーカーです。創業者のミッチ・ケイパーは仏教に傾倒しており、企業名を「蓮華坐（The Lotus Position）」という座禅の座り方から採りました。蓮華（ハス、スイレン）は仏教においては悟りの象徴であり、大切にされています。

　英語の lotus はラテン語とスペルは同じですが、ラテン語のほうには、実を食べると過去を忘れるというギリシャ神話に登場する伝説の果実「ロートス」という意味もあります。このロートスにはエノキの仲間であるという説があることから、ラテン語の lotus は「エノキ属の木」という意味も持ちます。

　なお、スイレンとハスは一見似ていますが、花を咲かせる時期や形状など、いくつかの点で違いがあり、分類上もまったく異なる種に属します。

168

ロータスの創設者の1人、ミッチ・ケイパー
は仏教思想に造詣が深く、座禅の蓮華坐か
ら社名をつけたとされています。

サービス

▶ mercari

メルカリ
日本のフリマアプリ

123

Capitulum III
企業や商品の名前

ルーツのラテン語

mercor

読み：メルコル
意味：購入する
英語：merchandise(購入する)
関連語句：① market(市場)、② merchant(商人)、
③ commercial(商業の)

よく知られた英語のラテン語訳を用いた好例

　フリマアプリ「メルカリ」は、「商品」「売買品」をあらわすmerxから派生した動詞mercor(購入する)に由来します。この名前は、2024年の日本ネーミング大賞(主催：一般社団法人日本ネーミング協会)を受賞しました。merxから派生した単語には、mercorのほかにも、mercatus(商売)、merces(賃金、価格)など、いくつかあります。そして、market(市場)やmerchant(商人)など、なじみのある英語の語源にもなりました。

　なお、地図帳でおなじみの「メルカトル図法」を編み出した16世紀の地理学者ゲラルドゥス・メルカトル(Gerardus Mercator)は、本名をゲラルト・デ・クレーマー(De Kremer)といいます。ラテン語で「商人」を意味するmercatorは、ドイツ語圏の姓Mercatorの語源になりました。

「市場」をあらわすmercato（イタリア語）、mercado（スペイン語）の語源にもなりました。

企業

▶ Nautica

ノーティカ
アメリカのアパレルブランド

124

Capitulum III　企業や商品の名前

ルーツのラテン語

nauticus

読み：ナウティクス
意味：航海の、海の、船の
英語：nautical（航海の）
関連語句：① navy（海軍）、② navigate（航海する）

海や船にまつわるたくさんのラテン語

　マリンスタイルを軸にしたカジュアルブランドを展開するアメリカの「ノーティカ」は、ラテン語の「航海の」からブランド名を名づけました。ラテン語で「船」はnavisですが、ここから海や船にまつわるたくさんの単語が派生しています。たとえば、navalis（船の）、nauticus（航海の）、nauta（船員）、navicularis（海運業の）、navigo（航海する、P.76）などです。英語では、「航海の」を意味するnauticalが、オリジナルのラテン語の名残をとどめています。

　なお、同じように「ノーティカ」を名前にしたクルーズ客船もあり、奮発すればぜいたくな船旅を楽しむことができます。

　ちなみに、宇宙飛行士を英語でastronautといいます。これは、ラテン語のastrum（星）とnautaをあわせてつくられた単語です。

172

ノーティカのロゴマークには、
ヨットの帆が描かれています。

企業

▶ Nexus

ネクサス
日本のソフトウェア開発メーカーなど

125

Capitulum III

企業や商品の名前

ルーツのラテン語

nexus

読み：ネクスス
意味：結合、結び目
英語：nexus（つながり）
関連語句：①connection（つながり）、②annex（付与する）

日本の企業や商品名によく使われる

　インターネットで検索してみると、企業名に「ネクサス」を冠する企業や団体が複数ヒットします。また、ウルトラマン・シリーズの「ウルトラマンネクサス」やシャンプーの商品名など、「ネクサス」という言葉を目にしたり、耳にしたりする機会は意外にあります。

　ネクサスは英語にもなっていて、もとになったラテン語同様、「つながり」「きずな」「中枢」といった意味を持ちます。また、細胞同士をつなぐ構造も「ネクサス」と呼ばれます。

　ラテン語のnexusのもとになったのは、動詞のnecto（巻きつける、つなぎあわせる、拘束する）です。そこからnexusは、「担保（抵当）に入れられた」や債務不履行による「奴隷」という意味も持つようになりました。

174

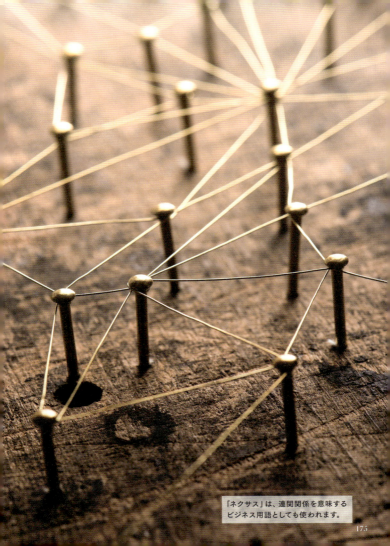

「ネクサス」は、連関関係を意味するビジネス用語としても使われます。

企業

▶ Oracle

オラクル

アメリカのソフトウェア開発メーカー

126

Capitulum III

企業や商品の名前

ルーツのラテン語

oraculum

読み：オーラークルム

意味：神託、預言、格言

英語：oracle(神託)

関連語句：① adore(崇拝する)、② oration(演説)、
③ oratorio(オラトリオ)

神のお告げにパワーをもらう

オラクルは、アメリカを本拠に、企業や公的機関のシステム開発を担う
ソフトウェア会社で、日本法人もあります。英語のoracleには「神託」とい
う意味があり、同じ意味のラテン語を起源とします。そして、ラテン語の
oraculumのもとをたどると、動詞のoro(懇願する、祈る)にたどり着きます。

神託とは神のお告げのことで、神が預言者などを通してその意志を伝えま
す。神託は古代ギリシャ・ローマでは一般的で、ギリシャ神話やローマ神話
には神託や預言のシーンがたびたび登場します。

現代社会において、神託はにわかに信じがたいですが、無作為に選んだ
カードに書いてあるメッセージを読むことで元気を取り戻す「オラクルカード」
は、セラピー効果があるとされて需要があります。

悩んだときにめくり、メッセージを
受け取るオラクルカード。

商品

▶ Prius

プリウス

トヨタ自動車の量産ハイブリッド専用車の名前

127

Capitulum III

企業や商品の名前

ルーツのラテン語

prius

読み：プリウス
意味：以前に、かつて、むしろ
英語：previously（以前に）
関連語句：① prior（前の）、
② priority（優先事項）

メモ
ラテン語の形容詞には男性形・女性形・中性形があり、なかには中性形にすることで副詞に変化するものがあります。

自動車の名前にはラテン語が最適⁉

　トヨタ自動車の公式ホームページには、「プリウス」の名前の由来は、ラテン語で「〜に先駆けて」という意味だと記載されています。ラテン語の prius は、「より先方の」「よりすぐれた」という意味を持つ形容詞 prior の中性形で、副詞化され、「以前に」「むしろ」という意味になります。

　なお、この単語はそのまま英語の prior（前の）になっています。pri- は単語に「前の」という意味を付け加える接頭語（ほかの語の頭につく語）で、語頭に pri がつくラテン語の単語や、そこから派生した他国語はたくさんあります。

　トヨタ自動車の75年史をたどるサイトには、歴代の車名の由来が紹介されています。これを読むと「セルシオ」「イプサム」「クオリス」など、ほかにもラテン語由来の車名があることがわかります。

エンリケ航海王子、ヴァスコ・ダ・ガマなど、世界に先駆けて大航海に乗り出した偉人を記念して建てられた「発見のモニュメント」(リスボン、ポルトガル)。

企業

▶ SONY

ソニー
世界的な大企業

128

Capitulum III

企業や商品の名前

ルーツのラテン語

sonus

読み：ソヌス
意味：音、声、言葉
英語：sound（音、調子）
関連語句：① sonic（音響の）、② sonata（ソナタ）、
③ unison（同音、ユニゾン）

「音」にまつわるたくさんの単語がうまれた

　SONYは、ラテン語のsonusと、「小さい」「坊や」という意味の英語sonny
を合体させて名づけられました。1946（昭和21）年5月に前身の東京通信工
業が設立され、社名がSONYになったのは12年後のことです。日本の企業が
グローバル化を目指し社名を変えるとき、どことなく知的な響きを持つラテン語を
そのまま使ったり、ほかの単語と組み合わせて使ったりするのは効果的でしょう。

　ラテン語のsonusには「音」「声」などの意味があり、動詞形はsono（音が
する、鳴る）です。これらは「音」に関するさまざまな英単語のもとになりまし
た。たとえば、sonic、sonata、unisonのほかにも、resonant（共鳴する）、
resonance（反響、P.183）、sonorous（よく聞こえる）、sonar（ソナー、水中
音波探知機）などがあります。

シアトル (アメリカ) にある「ソニックブルーム (sonic bloom)」というパブリック・アート。太陽熱を利用して夜間に発光します。

181

商品

▶ Sprite
スプライト
アメリカの炭酸飲料、妖精

129

Capitulum III 企業や商品の名前

ルーツのラテン語

spiritus

読み：スピーリトゥス
意味：呼吸、命、魂
英語：spirit(精神、霊、気力)
関連語句：①spiritual(超自然的な)、
　　　　　②inspire(元気を与える)

メモ

spiritusは、もともとは「呼吸」の意味です。かつては、空気中に生命力が宿ると考えられていました。

スプライトは、同じ起源を持つ英語のspirit(気力)とsprite(妖精)から名づけられました。

バンド
▶ Metallica

メタリカ
アメリカのヘヴィメタル・バンド

130

ルーツのラテン語
metallum

読み：メタルム
意味：鉱山、金属、鉱物
英語：metal(金属)
関連語句：① metallic(金属の)

企業
▶ Resona

リソナ
日本の都市銀行「りそな銀行」

131

ルーツのラテン語
resono

読み：レソノー
意味：反響する
英語：resonate(反響する)
関連語句：① resonance(反響)

ファッションのラテン語

「ファッション」も「モード」もラテン語起源 古代ローマの装いがルーツの単語もある

衣服や装身具などの英単語にも、ラテン語由来のものがあります。「ファッション」や「アパレル」「モード」など、この分野を総括するような単語も、もとをたどればラテン語にたどり着きます。しかし、由来となったラテン語のなかには、衣服や装身具とは直接関係のない意味を持っているものもあります。次のページで、その一部を紹介します。

「衣服」については、ラテン語ではいろいろな呼び名があり、vestis、induviaeなどが一般的です。いずれも「着せる」「覆う」という意味の動詞から生まれています。

ところで、ローマ人の服装といえば、どのようなものを思いうかべるでしょうか。古代ローマの男性は、トゥニカ(tunica)という下着を身につけ、その上からトガ(toga)という布を巻きつけていました。tunicaは、丈がワンピースより短くトップスより長い洋服を指すチュニック(tunic)の語源になりました。チュニックは、現在の女性には欠かせないファッションアイテムの1つになっています。

履物は、さまざまな形状や材質でできたサンダルが一般的でした。ギリシャ語のsandalionがもとになったラテン語のsandaliumは、英語のsandalの語源になっています。

一方、女性はトゥニカやストラ(stola)という下着の上から、パルラ(palla)というショールのような布をまとっていました。stolaは大判の肩掛けを意味するストール(英語でstole)の語源になりました。

ラテン語由来のファッション用語

英単語	英単語の意味	ラテン語	ラテン語の意味
apparel	衣服、服装	apparo	用意する
bracelet	腕輪、ブレスレット	bracchiale	腕輪、ブレスレット
brooch	ブローチ	brocchus	出っ歯の
cap	帽子、キャップ	cappa	ケープ（後期ラテン語）
crown	冠	corona	花冠、栄冠
dress	ドレス	directus	まっすぐな
fashion	ファッション	facio	する、形づくる
mask	マスク、仮面	masca	マスク（中世ラテン語）
mode	流行、モード	modus	量、方法、様式
perfume	香水、香り	fumo	煙を出す
razor	かみそり、ひげを剃る	rado	削り取る、毛を剃る
rouge	ルージュ、口紅	ruber	赤い

Column 06

古代ローマの男性の装い
古代ローマの男性が着たトガは、官職や身分によって色や模様が異なりました。たとえば執政官(古代ローマの政治家)のトガには、素材そのままの色に暗色に赤紫の縁取りがされていました(P.26)。

Capitulum
IV

ラテン語由来の動植物

動物

▶ animal

アニマル

動物、けだもの

132

Capitulum IV

ラテン語由来の動植物

ルーツのラテン語

anima

読み：アニマ
意味：微風、呼吸、活力、霊、精神、生き物
英語：anima(生命)、animal(動物)
関連語句：①animation(動画)、②animism(霊魂信仰)

魂を吹きこまれて命が動き出す

　英語のanimalの語源になったラテン語animaには、動詞のanimo(生命を与える、生き返らせる、ある考えを吹き込む)という関連語があります。animaにはたくさんの意味がありますが、animaやanimoの意味を並べてながめると、共通点が見えてきます。すべて命をはぐくみ、動きを生みだすものなのです。微風はどうでしょうか？　微風は空気の流れです。空気を吸うことで命が生まれ、活力や精神になります。

　英語のanimalが指す「動物」をラテン語であらわすにはanimalisやanimansが、「呼吸」をあらわすにはanimatusが使われることもあります。

　また、命を吹き込まれたように動きだすアニメ(アニメーション)も、このanimaが語源になっています。

189

哺乳類

▶ lion

ライオン
ライオン、獅子

133

Capitulum IV

ラテン語由来の動植物

ルーツのラテン語

leo

読み：レオー
意味：ライオン、しし座
英語：lion（ライオン）
関連語句：①lioness（メスのライオン）

広大なローマ帝国の領土にはライオンも

　有史以降、ライオンがヨーロッパ大陸に生息したという記述はあまりありませんが、古代ローマの勢力域はアフリカ大陸にも及んでいましたので、野生のライオンを見たことがあるローマ市民もいたことでしょう。実際に、ハドリアヌス帝などによるライオン狩りが行われていたり、捕獲されたライオンと奴隷を競技場で闘わせたりしていました。ライオンは、それほど珍しい存在ではなかったのかもしれません。

　また、古代ローマの学者プトレマイオスが定めた「48星座」には、「しし座」が含まれています。leoには「しし座」という意味もあります。なお、星座や星の名前にはラテン語起源のものが少なくありません。しし座でもっとも明るい星レグルス（Regulus）は、ラテン語で「小さい王」を意味します。

哺乳類
▶ panther
パンサー
ヒョウ

ルーツのラテン語

panthera

読み：パンテラ
意味：ヒョウ
英語：panther(ヒョウ)
関連語句：なし

メモ
アフリカや南アジアに棲むヒョウの学名は *Panthera pardus*。pardus もラテン語でヒョウ（オス）を意味します。

Capitulum IV　ラテン語由来の動植物

ユキヒョウの学名は *Panthera unica*（パンテラ・ウニカ）。「唯一無二のヒョウ」という意味です。

哺乳類

▶ squirrel

スクワロル

リス

135

ルーツのラテン語

sciurus

読み：スキウールス
意味：リス
英語：squirrel(リス)
関連語句：なし

> **メモ**
> この単語は、ギリシャ語で「影の尾」を意味するスキウーロスから来ています。

キタリスの学名は*Sciurus vulgaris*で、「ありふれたリス」という意味です。

Capitulum IV　ラテン語由来の動植物

哺乳類

▶ **mouse**

マウス

ハツカネズミ

136

ルーツのラテン語

mus

読み：ムース

意味：ネズミ

英語：mouse（ネズミ）

関連語句：① mousetrap（ネズミとり）

爬虫類

▶ **serpent**

サーペント

ヘビ

137

ルーツのラテン語

serpens

読み：セルペンス

意味：ヘビ

英語：serpent（ヘビ）

関連語句：① serpentine（ヘビのような）

メモ

もとになったのは、ラテン語で「這う」「曲がりくねる」を意味するserpoです。

哺乳類

▶ # grampus
グランパス

シャチ

138

ルーツのラテン語

crassus/piscis

読み：クラッスス／ピスキス
意味：厚い、ずんぐりした／魚
英語：thick(厚い)／fish(魚)
関連語句：① crass(鈍い)、② grease(潤滑油)

シャチには、killer whale、orca などの呼び名もあります。

鳥
▶ falcon

ファルコン
ハヤブサ

Capitulum IV ラテン語由来の動植物

ルーツのラテン語
falco

読み：ファルコー
意味：タカ
英語：hawk(タカ)
関連語句：① falconer(鷹匠)

> **メモ**
> 古代ローマの遺跡からは、鷹狩の様子が表現されたモザイク画が発見されています。鷹匠はラテン語でfalconariusです。

ハヤブサと鷹匠。

鳥

▶ **penguin**
ペンギン
ペンギン

140

ルーツのラテン語

pinguis

読み：ピングイス
意味：肥えた、油の多い
英語：fat（太った）
関連語句：なし

メモ
アデリーペンギン属の学名は *Pygoscelis*。ラテン語に訳すと「尻についた足」という意味です。

南極のジェンツー・ペンギン。

Capitulum IV ラテン語由来の動植物

鳥
▶ **albatross**
アルバトロス
アホウドリ

141

ルーツのラテン語
albus

読み：アルブス
意味：白い、明るい
英語：white(白い)
関連語句：なし

鳥
▶ **ibis**
アイビス
トキ

142

ルーツのラテン語
ibis

読み：イービス
意味：トキ
英語：ibis(トキ)
関連語句：なし

> **メモ**
> トキのなかまは世界中に分布します。日本のトキの学名は *Nipponia nippon*。トキ属の学名は *Nipponia* なのです。

198

両生類

▶ salamander

サラマンダー
サンショウウオ、火トカゲ

143

ルーツのラテン語

salamandra

読み：サラマンドゥラ
意味：サンショウウオ
英語：salamander（サラマンダー）
関連語句：① salamandrine（火に強い）

メモ
もともとは、火の中でも生きられると信じられていた伝説の生き物「火トカゲ」のことを指しました。

体の模様が鮮やかなファイアサラマンダー。

昆虫
► insect
インセクト
昆虫

Capitulum IV ラテン語由来の動植物

ルーツのラテン語

insectus

読み：インセクトゥス
意味：ぎざぎざのある
英語：jagged（ぎざぎざの）
関連語句：①section（部分）、
　　　　　②segment（切片）

メモ

insectusの動詞形は、「切る」を意味するinseco。昆虫の体は体節がわかれており、切れているように見えることから来ています。

144

英語のセミ（cicada）は、ラテン語でセミをあらわすcicadaが起源です。

200

昆虫

▶ **mantis**

マンティス

カマキリ

145

ルーツのラテン語

mantis

読み：マンティス
意味：予言者、占い師
英語：prophet（予言者）
関連語句：① mantic（占いの）

メモ

カマキリがカマを構える姿が、占い師が祈っている姿に似ていることから名づけられました。

昆虫

▶ **mosquito**

モスキート

蚊

146

ルーツのラテン語

musca

読み：ムスカ
意味：ハエ
英語：fly（ハエ）
関連語句：なし

植物

▶ flower

フラワー

花

147

Capitulum IV

ラテン語由来の動植物

ルーツのラテン語

flos

読み：フロース

意味：花、盛り、青春

英語：flower(花)

関連語句：① floral(花の)、② flora(植物相)

チューリップ (tulip) は、近世ラテン語の tulipa(ターバン)が起源です。

植物

▶ **salvia**

サルビア
サルビア

148

ルーツのラテン語

salveo

読み：サルウェオー
意味：健康である、具合がよい
英語：healty（健康な）
関連語句：なし

> **メモ**
> 関連語のsalveは、現代のイタリア語で「やぁ！」という軽い挨拶として使われます。

タネが医療用に用いられたことから、この名がつきました。

Capitulum IV　ラテン語由来の動植物

植物
▶ **lily**
リリー
ユリ

149

ルーツのラテン語
lilium

読み：リーリウム
意味：ユリ
英語：lily(ユリ)
関連語句：① lilywhite(純潔の、白人至上主義の)

植物
▶ **rose**
ローズ
バラ

150

ルーツのラテン語
rosa

読み：ロサ
意味：バラ
英語：rose(バラ)
関連語句：① rosemary(ローズマリー)、② rosebud(バラのつぼみ)

植物

▶ **violet**
ヴァイオレット
スミレ、スミレ色

151

ルーツのラテン語

viola

読み：ウィオラ
意味：スミレ
英語：violet(スミレ)
関連語句：なし

植物

▶ **peach**
ピーチ
モモ、モモ色

152

ルーツのラテン語

persicus

読み：ペルシクス
意味：ペルシアの
英語：Persian(ペルシアの)
関連語句：① Persia(ペルシア)

メモ
中国原産といわれるモモは、ペルシアからヨーロッパに伝わったことから、この名がつけられました。

微生物

▶ bifidobacterium bifidum

ビフィドバクテリウム・ビフィドゥム

ビフィズス菌

153

Capitulum IV

ラテン語由来の動植物

ルーツのラテン語

bifidus

読み：ビフィドゥス

意味：2つにわかれた、二股の

英語：forked（2つにわかれた）

関連語句：① fissile（裂けやすい）、② fission（分裂）

ビフィズス菌は人の腸内に常在する善玉菌です。乳酸菌と異なり、すべてのヨーグルトに含まれているわけではありません。

微生物

▶ planaria
プラナリア
プラナリア（扁形動物の一種）

154

ルーツのラテン語
planus

読み：プラーヌス
意味：平らな、静かな
英語：plane（平らな、平坦な）
関連語句：①explain（説明する）、②piano（ピアノ）、③plan（計画）

メモ
explainはexplano（平らにする）から、pianoは静かな音を出せる楽器だから。planは平面図に由来します。

「プラナリアの再生実験」でおなじみの生き物です。

ラテン語は学名に使われる

世界共通の生物種の命名ルール
生物の形状や生態をあらわすものもある

　　　　生物の種(しゅ)に与えられる世界共通の名を「学名」といいます。学名はラテン語で表記されることが定められています。学名は、スウェーデンの博物学者リンネが18世紀に提案した「二名法」に基づいて命名され、通常は、属名(大文字ではじまる)＋種名(小文字ではじまる)に命名者の名が付記されます。たとえば、52ページで紹介した通り、現世人類の学名は*Homo sapiens*で、*Homo*が属名、*sapiens*が種名です。そして、これらのラテン語をつなげて訳すと、「賢い人」になります。

　このように、学名に使われたラテン語の意味を調べてみると、その生物の形状や生態をよくあらわしている場合があります。次のページに、その一部を紹介します(属名、一部亜目名)。

　学名には、興味深いものもあります。たとえば、日本の山地でも生育し、夏から秋にかけて黄色い花を咲かせるキツリフネ。キツリフネの学名は*Impatiens noli-tangere*です。種名の*noli-tangere*の意味は「触れるな」で、熟した実を刺激すると種を飛ばすという特徴から採られています。*noli-tangere*から、「Noli me tangere(我に触れるな)」(P.97)というフレーズを思い出す人がいるかもしれません。これは復活したイエスに近づくマグダラのマリアにイエスが放った言葉で、『新約聖書』のヨハネによる福音書20章17節に記されています。ちなみに、属名の*Impatiens*はラテン語で「我慢できない」という意味です。これも種を自ら弾き飛ばすことから来ています。しゃれたネーミングだと思いませんか？

学名（属名）のラテン語の意味

属名（日本語）	属名（ラテン語）	ルーツのラテン語	ラテン語の意味
カエデ属	*Acer*	acer	鋭利な、鋭い
ウナギ属	*Anguilla*	anguis	ヘビ
サイチョウ属	*Buceros*	bucerus	牛の角をした
キュウリ属	*Cucumis*	cucuma	（つぼ型の）鍋
ナマケモノ亜目	*Folivora*	folium／voro	葉／むさぼり食う
ワオキツネザル属	*Lemur*	lemures	亡霊、死霊
クルミ属	*Juglans*	Jovis glans	ユピテルのドングリ
スカンク属	*Mephitis*	mephitis	毒気、瘴気
シャチ属	*Orcinus*	Orcus	冥府、死
ザクロ属	*Punica*	Punicus	カルタゴの
フクロウ属	*Strix*	strix	魔女
アリクイ亜目	*Vermilingua*	vermis／lingua	ウジ虫／舌

Column 07

サイチョウ属のサイチョウ

学名：*Buceros rhinoceros*
　　　（ブーケロス・リーノケロース）
属名の由来は「牛の角」ですが、種名の *rhinoceros* は動物のサイを意味します。サイチョウという和名の「サイ」はサイの角から採られました。

ワオキツネザル属のワオキツネザル

学名：*Lemur catta*（レムル・カッタ）
夜行性であること、鳴き声が不気味であることなどを理由に、リンネが「幽霊」から名づけました。*catta* は「メスのネコ」という意味です。

アリクイ亜目のミナミコアリクイ

学名：*Tamandua tetradactyla*
　　　（タマンドゥア・テトラダクチュラ）
亜目名の *Vermilingua* は、シロアリを舐めとるための長い舌の形状から来ています。種名の *tetradactyla* は「4本の指」という意味です。

Capitulum
V

エトセトラ

鉱物

▶ ruby

ルビー
ルビー、紅玉

155

Capitulum V

エトセトラ

ルーツのラテン語

ruber

読み：ルベル
意味：赤い
英語：red（赤い）
関連語句：① rubric（赤色の）、② rubella（風疹）

特徴的なその色が名前の由来になった

ルビーは鮮やかな赤い宝石で、その赤は「ルビー色」のように色の表現としても使われています。日本語名は「紅玉」です。主要な産地はミャンマーやタイ、スリランカなどで、ダイヤモンドよりも供給が少なく高価です。

ルビーの語源は、ラテン語で「赤い」をあらわす ruber です。鉱物には、ラテン語やギリシャ語などで色名を意味する単語がルーツになったものがいくつかあります。ラテン語ルーツのものは、たとえば、サファイア（sapphirus ＝青）、アルバイト（albus＝白）などです。

なお、ルビーは「コランダム（corundum）」という鉱物に分類されます。corundumはいかにもラテン語のような響きですが、サンスクリット語とタミル語（南インドの言語）が合わさってできた語といわれています。

カットされたレッド・ルビー。ルビーはしばしば血の色にたとえられます。

鉱物
▶ lapis lazuli (lazurite)
ラピスラズリ(ラズライト)
ラピスラズリ、青金石

156

Capitulum V
エトセトラ

ルーツのラテン語
lapis

読み：ラピス
意味：石、大理石
英語：stone(石)
関連語句：① lapidify(石化する)

lazuri は中央アジアの地名です。
ラピスラズリは英語で lazurite
(ラズライト)といいます。

鉱物

▶ **garnet**

ガーネット
ガーネット、ザクロ石

157

ルーツのラテン語

granatum

読み：グラーナートゥム
意味：ザクロ
英語：pomegranate(ザクロ)
関連語句：①grain(穀物)、②grenade(手りゅう弾)

鉱物

▶ **mineral**

ミネラル
鉱物

158

ルーツのラテン語

mina

読み：ミナ
意味：鉱石、鉱山
英語：mine(鉱山)
関連語句：①mining(採鉱)、②miner(炭鉱作業員)

メモ
minaは中世ラテン語です。古典ラテン語で、鉱山はfodinaといいます。

気象

▶ aurora

オーロラ

オーロラ、極光

159

Capitulum V

エトセトラ

ルーツのラテン語

aurora

読み：アウローラ
意味：あけぼの、夜明け、東方
英語：aurora（オーロラ）
関連語句：① auroral（オーロラの）

ローマ神話のあけぼのの女神が由来

　オーロラの語源は、ラテン語で「あけぼの」や「夜明け」をあらわすaurora
です。また、大文字ではじめてAuroraにすると、ローマ神話のあけぼのの
女神アウローラになります。アウローラは馬車に乗り、松明を持って闇を照ら
しながら、太陽神ヘリオスに先立って天空を駆ける姿で西洋絵画に描かれま
す。これが転じて、北国の酷寒の夜に輝くオーロラを意味するようになりました。
　なお、auroraには「東方」という意味もあります。太陽同様、あけぼ
のも東からはじまるからです。ラテン語で「東」を意味する言葉はoriens
（昇る＝orior）で、ヨーロッパ世界からみて東に位置する「東洋の」をあらわ
すorient（オリエント）の語源になりました。一方、ラテン語の西はoccidens
（沈む＝occido）で、「西洋の」をあらわすoccidentalの語源になりました。

216

ロヴァニエミ（フィンランド）で観測された美しいオーロラ。

気象

▶ halo

ヘイロー
ハロー現象、暈(かさ)、後光

160

Capitulum V

エトセトラ

ルーツのラテン語

halos

読み：ハロース
意味：暈
英語：halo(暈)
関連語句：なし

ハロー現象は、雲の中の氷の粒に太陽の光があたって屈折することで発生します。

気象
▶ **cirrus**

シアラス
巻雲（けんうん）

161

ルーツのラテン語
cirrus

読み：キッルス
意味：巻き毛、ふさ飾り
英語：curl（巻き毛）
関連語句：なし

メモ
巻雲は刷毛で刷いたような形状の雲のこと。世界共通で使われるため、雲の分類にはラテン語が用いられています。

気象
▶ **eclipse**

エクリプス
日食、月食

162

ルーツのラテン語
eclipsis

読み：エクリプシス
意味：日食、月食
英語：eclipse（日食、月食）
関連語句：①delinquency（非行）、②elliptical（楕円形の）

メモ
この単語は、ギリシャ語の「消失」から来ています。

人体

▶ face

フェイス
顔

163

Capitulum V

エトセトラ

ルーツのラテン語

facies

読み：ファキエース
意味：外観、様相、顔
英語：face（顔）
関連語句：① facial（顔面の）、② surface（表面）

ラテン語起源の人体に関する英単語

　人体にまつわる英単語には、ラテン語起源のものがたくさんあります。なじみ深い単語の1つが face（顔）です。語源は facies で、「顔」のほかにも「外観」「様相」という意味を持ちます。ラテン語の facies は facio（つくる、する）という動詞から派生しています。

　なお、英語の face の複数形は facies となり、たまたまラテン語のスペルと同じになります。そして、英語の facies は「外観」「外見」をあらわします。

　ちなみに、頭をあらわす caput が capital（頭文字）、口をあらわす os が oral（口頭の、口腔の）、舌をあらわす lingua が language（言語）、手をあらわす manus が manual（手動の）、足をあらわす pes が pedal（ペダル）、指をあらわす digitus が digital（指の）の語源になっています。

220

Capitulum V　エトセトラ

人体

▶ **corpus**

コーパス

身体、死体、集大成

164

ルーツのラテン語

corpus

読み：コルプス
意味：身体、死体、組織体、全集
英語：corpus（身体、死体、全集）
関連語句：① corporation（法人）、② corporate（団体の）

人体

▶ **nerve**

ナーヴ

神経、筋、腱

165

ルーツのラテン語

nervus

読み：ネルウゥス
意味：腱、筋、弦
英語：nerve（筋）
関連語句：① nervous（神経質な）、② neural（神経の）

人体

▶ **nose**

ノーズ

鼻

166

ルーツのラテン語

nasus

読み：ナースス
意味：鼻
英語：nose(鼻)
関連語句：①naris(鼻孔)、②nasal(鼻の)

人体

▶ **stomach**

ストマック

胃

167

ルーツのラテン語

stomachus

読み：ストマクス
意味：食道、胃
英語：stomach(胃)
関連語句：①stomachache(胃痛)

地名

► # Argentina

アルゼンチーナ
アルゼンチン(国名)

Capitulum V

エトセトラ

168

ルーツのラテン語

argentum

読み：アルゲントゥム
意味：銀
英語：silver(銀)
関連語句：① argentine(銀色の金属)、② Ag(銀の元素記号)

銀が採掘される夢の国⁉

　南米の国アルゼンチンは、英語で公式に表記する場合、Argentine Republicとなりますが、通常はスペイン語の表記Argentinaと表現します。その語源は、ラテン語のargentum(銀)です。国内を流れる大河ラプラタ(la Plata)川が、スペイン語で「銀」をあらわすことに関連して名づけられました。スペインの探検家フアン・ディアス・デ・ソリスがこの土地を訪れた際に、インディオから銀を贈られ、この土地に銀の鉱山があることがヨーロッパに広く知られたというエピソードが残されています。

　ちなみに、アルゼンチンといえば「タンゴ」です。ラテン語にはtangoという動詞があり(「触れる」「たたく」という意味)、タンゴの語源がこのラテン語であるという説がありますが、確証はありません。

224

地名
▶ Milano

ミラノ
ミラノ(イタリアの都市名)

Capitulum V
エトセトラ

ルーツのラテン語
medium

読み：メディウム
意味：真ん中
英語：medium(中間)
関連語句：① media(メディア)、
　　　　　② meridian(子午線)

メモ
ミラノはかつて、Mediolanum(メディオラヌム＝平原の真ん中)と呼ばれていました。

ミラノのヴィットーリオ・エマヌエーレ2世のガッレリア。

地名

▶ **Ecuador**

エクアドル
エクアドル(国名)

170

ルーツのラテン語

aequator

読み：アエクアートル
意味：均等にするもの、赤道
英語：equator(赤道)
関連語句：① equal(等しい)

メモ

aequator は aequo(等しくする)から生まれた、後期ラテン語です。

地名

▶ **Greece**

グリース
ギリシャ(国名)

171

ルーツのラテン語

Graecia

読み：グラエキア
意味：ギリシャ
英語：Greece(ギリシャ)
関連語句：① greek(ギリシャの)、② greco(ギリシャの〜)

ラテン語の名句

古代ローマや近世の著作に見られる名句
スポーツの祭典のモットーもラテン語だった

　　　　　16世紀以降、カトリック教会の公用語となったラテン語は、
　　　　教会関係者にとどまらず、広く知識階級の共通語になっていきました。
　そのため、古代ローマの詩人や歴史家の著作のみならず、デカルトやスピノザといった哲学者や思想家の著作も、ラテン語であらわされたり、ラテン語に訳されたりしました。そして、彼らのラテン語の名句が、現在もしばしば引用されています。

　ラテン語は、鎖国時代の日本にもやってきます。杉田玄白らによる『解体新書』の底本は、オランダ語で書かれた「ターヘル・アナトミア」ですが、これはラテン語のTabulae Anatomicae(解剖学の図)に由来すると考えられています。

　またラテン語は、文明開化以降の日本の文学者の知的欲求も刺激したようです。たとえば、明治の文豪・森鷗外は、『ヰタ・セクスアリス』という小説を書いています。これはラテン語のvita sexualis(ウィータ・セクスアーリス)で、「性欲的生活」を意味します。そして、CapitulumⅡで見てきたように、現在の創作物にも、ラテン語が使われ続けています。

　紀元前10世紀ごろに誕生した言語が、生活言語としては使われなくなったのちも、いたるところで息づいているという事実は、驚くべくことです。

　ここでは、現代に生きる私たちをときにハッとさせてくれるような、ラテン語の代表的な名句を紹介します。みなさんも、暗記して、会話にしのばせてみてはいかがでしょうか。

主なラテン語の名句

Ars longa, vita brevis

アルス・ロンガ, ウィータ・ブレウィス
"技術は長く、人生は短し"

古代ギリシャの医学者ヒポクラテスの『箴言』のラテン語訳より。「医療技術を習得するには時間がかかるため、時間を無駄にしてはいけない」という意味でしたが、現在は学芸の分野についても用いられます。

Citius, Altius, Fortius

キティウス, アルティウス, フォルティウス
"より早く、より高く、より強く"

オリンピック憲章に明記された、近代オリンピックのモットー。スポーツの団結力をあらわすため、2021年の 国際オリンピック委員会の総会で、最後に「- 共に (- Communiter)」がつけ加えられました。

Carpe diem

カルペ・ディエム
"その日を摘み取れ"

古代ローマの詩人ホラティウスの詩『歌集』(Carmina) より。「未来を気にするより、いまを楽しむべし」という意味。英語では seize the day。刹那的、現世主義的な生き方をあらわす言葉となりました。

Column 08

主なラテン語の名句

Cogito, ergo sum

コーギトー，エルゴー・スム
"我思う，故に我あり"

17世紀のフランスの哲学者デカルトが提唱した命題。すべてを疑うが，そのように疑う自分は真理であるという考え方です。デカルトの哲学は，のちの哲学や文学に大きな影響を与えました。

Festina lente

フェスティーナー・レンテー
"ゆっくり急げ"

古代ローマの歴史家スエトニウスによると，初代皇帝アウグストゥスの座右の銘だったといいます。「結果を出すためには，慌てず慎重に」，と同時に「遅すぎると結果が出ない」という意味が込められています。

Jacta alea est

ヤクタ・アーレア・エスト
"賽は投げられた"

「決行」の意思を示す言葉。スエトニウスによると，古代ローマの執政官カエサルは元老院に反旗を翻し，ガリア（現在のフランス）からの帰途にルビコン川を渡る際，この言葉を発したとされています。

Memento mori

メメントー・モリー
"死を忘れるな"

「死はいつ訪れるかわからないので、常に備えよ」という意味です。キリスト教を背景に、中世から近世のヨーロッパに広まりました。この主題は髑髏（どくろ）に託され、西洋絵画のテーマにもなりました。

Nihil admirari

ニヒル・アドミーラリー
"何事にも驚かないこと"

または Nil admirari。哲学者のキケロや詩人のホラティウスの言葉として知られています。何ごとにも決して驚かない平静な心の大切さを述べています。夏目漱石や芥川龍之介などは、作品でこの言葉を使っています。

Tempus fugit

テンプス・フギト
"光陰矢のごとし"

古代ローマの詩人ウェルギリウスの『農耕詩』（Georgica）より。直訳すると、時（tempus）は逃げ去る（fugit）。英語では Time flies といいます。「チャンスを逃すな」というメッセージが込められています。

おわりに

　近年、日本では、ラテン語をめぐるさまざまな書物が刊行され、静かなブームになっています。ラテン語が広い関心を集め、ラテン語について知ることが楽しいと思ってくれるひとが増えてくれるのは、とてもうれしいことです。

　わたしは、古典作品の研究者として、長いあいだラテン語に関わってきましたが、ラテン語は魅力にあふれる言語だと思っています。

　まずは、現代とのつながりをあげることができます。本書では、現代に生きるラテン語に注目し、身近な英単語、現代の映像作品や企業名など、現代生活のさまざまな場面に生きているラテン語を取り上げ、解説しましたが、このような現代とのかかわりは、ラテン語を知る魅力のひとつといえるでしょう。

　また、ラテン語は、古代世界で話されていた言葉であり、現代にはない世界観や価値観で満ちています。キリスト教化される以前の古代社会は、たくさんの神々のいる多神教の世界であり、社会構造や

人間関係なども、現代とはかなり異なるものでした。その後、ラテン語は、キリスト教世界の言葉となっていきます。ラテン語をとおして、そのような古代・中世世界の魅力に触れられることも、ラテン語を知る楽しさのひとつです。

　そして、こうした長い歴史のなかで書かれた、数々の古典作品に触れられることが、ラテン語を学ぶなによりの魅力といえるでしょう。古代ローマから中世をへて近代にいたるまで、たくさんの名著がラテン語によって書かれ、現在も読み継がれています。そうした古典の世界にも、ぜひ触れてみてはいかがでしょうか。

　本書が、読者のみなさんのラテン語への関心をさらに高め、さらなる学びに誘うものになることを願っています。

中澤　務

監修　中澤 務（なかざわ つとむ）

関西大学文学部教授。北海道大学大学院文学研究科博士課程中退。博士（文学）。古代ギリシャ・ローマの哲学を中心に、古代の思想と文化を研究する。著書に『ソクラテスとフィロソフィア』（ミネルヴァ書房）、『哲学を学ぶ』（晃洋書房）。共著に『都市の風土学』（ミネルヴァ書房）。訳書に、プラトン『プロタゴラス』『饗宴』『ゴルギアス』、セネカ『人生の短さについて』（いずれも光文社古典新訳文庫）など。

参考文献

『改訂版 羅和辞典』水谷智洋編（研究社）
『世界はラテン語でできている』ラテン語さん著（SB新書）
『教養としての「ラテン語の授業」—古代ローマに学ぶリベラルアーツの源流』ハン・ドンイル著（ダイヤモンド社）
『はじめてのラテン語』大西英文著（講談社現代新書）
『ラテン語の世界：ローマが残した無限の遺産』小林標著（中公新書）
『中世ラテン語の辞書を編む 100年かけてやる仕事』小倉孝保著（角川ソフィア文庫）

作品情報

11 『死の床で題辞を書くウェルギリウス』
アンゲリカ・カウフマン
1785年、個人蔵

11 『セネカの死』
ルカ・ジョルダーノ
1684年、ルーヴル美術館
（パリ、フランス）

17 『パラス・アテナ』
グスタフ・クリムト
1898年、ウィーン市立歴史美術館
（オーストリア）

18 『生と死』
イーヴァル・アロセニウス
1905年、スウェーデン国立博物館
（ストックホルム）

19 「ジョン・ミルトン『失楽園』の挿絵」
ギュスターヴ・ドレ
1866年

20 『羊飼いの礼拝』
バルトロメ・ムリーリョ
1657年頃、プラド美術館
（マドリード、スペイン）

23 『ブーローニュの森の自転車小屋』
ジャン・ベロー
1900年頃、イル・ド・フランス美術館
（ソー、フランス）

24 クイリナーレ宮殿の天井の装飾
ジャンニ・フェリーチェ
1812年

27 『妻に嘲笑されるヨブ』
ジョルジュ・ド・ラ・トゥール
1620 ～ 1650年、ヴォージュ美術館
（エピナル、フランス）

28 『聖マタイの召命』
ヘンドリック・テル・ブリュッヘン
1650年頃、マルロー美術館
（ルアーヴル、フランス）

29 『トランプ詐欺師』
カラヴァッジョ
1594年頃、キンベル美術館
（フォートワース、アメリカ）

30 『カレーの市民』
オーギュスト・ロダン
1886年（原型）

33 『ドン・ファンと司令官の像』
アレクサンドル・エヴァリスト・フラゴ
ナール
1835年頃、ストラスブール美術館
（フランス）

34 『ヴァスコ・ダ・ガマの航海日誌』
アルヴァロ・ヴェーリョ
1497年、トーレ・ド・トンボ国立文書館
（リスボン、ポルトガル）

35 『ラウラ・バッティフェッリの肖像』
アーニョロ・ブロンズィーノ
1555 ～ 1560年頃、ヴェッキオ宮殿
（フィレンツェ、イタリア）

39 『我アルカディアにもあり』
ニコラ・プッサン
1630年頃、チャッツワース・ハウス
（デイル、イギリス）

40 『カエサルの前で武装を解除するウェル
キンゲトリクス』
リオネル・ロワイヤル
1899年、クロザティエ博物館
（ル・ピュイ＝アン＝ヴレ、フランス）

43 『フォルトゥナ』
タデウシュ・クンツェ
1754年、ワルシャワ国立美術館
（ポーランド）

44 『幼子イエスの神性の認識』
ロレンツォ・ロット
1536 ～ 1537年頃、ルーヴル美術館
（パリ、フランス）

45 『ローマ- カストルとポルックス神殿の
あるフォーラム』
カナレット
1742 ～ 1743年頃、個人蔵

46 『立ち上がる都市』
ウンベルト・ボッチョーニ
1910 ～ 1911年頃、
ニューヨーク近代美術館（アメリカ）

49 『指し降ろされた親指』
ジャン・レオン・ジェローム
1872年、フェニックス・アート・ミュージアム(アメリカ)

50 『パリ市』
ロベール・ドローネー
1911年、トレド美術館(アメリカ)

53 『賢者の石を探す錬金術師』
ジョセフ・ライト
1771 〜 1795年、
ダービー博物館・美術館(イギリス)

59 『快楽の園』
ヒエロニムス・ボス
1503 〜 1504年頃(一説)、
プラド美術館(マドリード、スペイン)

60 『夜のポツダム広場』
レッサー・ユリィ
1920年代、イスラエル博物館
(エルサレム)

63 『正義の寓意』
ジョルジョ・ヴァザーリ
1543年、カポディモンテ美術館
(ナポリ、イタリア)

65 『クレオパトラ』
ジョン・ウィリアム・ウォーターハウス
1887年頃、個人蔵

66 『干し草の収穫』
ピーテル・ブリューゲル
1565年、プラハ国立美術館(チェコ)

69 『キュクロプス』
オディロン・ルドン
1914年、クレラー・ミューラー美術館
(オッテルロー、オランダ)

70 『解体されるために最後の停泊地に曳
かれてゆく戦艦テメレール号』
ジョゼフ・マロード・ウィリアム・ターナー
1839年、ナショナル・ギャラリー
(ロンドン、イギリス)

71 『小さい女性』
オルガ・デラ=フォス=カルドフスカヤ
1910年、ロシア美術館
(サンクトペテルブルク)

75 『雲海の上の旅人』
カスパー・ダーヴィト・フリードリヒ
1818年頃、ハンブルク美術館(ドイツ)

76 『オンフルールの港のボート』
クロード・モネ
1866 〜 1867年、個人蔵

79 『ゲオルク・ギーゼの肖像』
ハンス・ホルバイン
1532年、ベルリン国立美術館絵画館
(ドイツ)

80 『ピガール広場の乗合馬車』
ジョヴァンニ・ボルディーニ
1882年、個人蔵

83 『十字架上のキリスト』
ディエゴ・ベラスケス
1632年頃、プラド美術館
(マドリード、スペイン)

84 『聴衆を前にしたトラヤヌス帝』
ノエル・コワペル
1673年、ルーヴル美術館
(パリ、フランス)

85 『ローマのペスト』
ジュール=エリー・ドローネー
1869年、オルセー美術館
(パリ、フランス)

86 『ヴェニスの商人(第3幕第2場)』
アレクサンドル・カバネル
1881年、個人蔵

89 『ローゼンラウイ氷河』
ジョン・ブレット
1856年、テイト・ブリテン
(ロンドン、イギリス)

91 『レクイエムを作曲するモーツァルトの
肖像』
ウィリアム・ジェームズ・グラント
1854年、ザルツブルク博物館
(オーストリア)

作品情報

- 92 『すばらしいソース』
  ジャン・ジョルジュ・ヴィベール
  1890年頃、バッファロー AKG 美術館
  (アメリカ)
- 94 『書斎の聖ヒエロニムス』
  カラヴァッジョ
  1605～1606年頃、ボルゲーゼ美術館
  (ローマ、イタリア)
- 99 『聖ミカエル』
  ルカ・ジョルダーノ
  1663年頃、ベルリン国立美術館絵画館
  (ドイツ)
- 100 『元老院でカティリナを非難するキケロ』
  シーザー・マッカリ
  1889年、マダマ宮殿(ローマ、イタリア)
- 102 『ユリシーズとセイレーン』
  ハーバード・ジェームズ・ドレイパー
  1909年、フェレンス美術館
  (ハル、イギリス)
- 104 『オペラ座のオーケストラ』
  エドガー・ドガ
  1870年頃、オルセー美術館
  (パリ、フランス)
- 105 『1581年11月16日のイワン雷帝とその息子イワン』
  イリヤ・レーピン
  1885年頃、トレチャコフ美術館
  (モスクワ、ロシア)
- 107 『勝利の寓意』
  マチュー・ル・ナン
  1635年頃、ルーヴル美術館
  (パリ、フランス)
- 108 『ダヴィデに襲いかかるサウル』
  グエルチーノ
  1646年、バルベリーニ宮殿
  (ローマ、イタリア)
- 109 『ゴルゴタへの道』
  ティツィアーノ
  1560年、プラド美術館
  (マドリード、スペイン)
- 111 『春の寓意』
  ジョヴァンニ・バッティスタ・ティエポロ
  1757年、ラビア宮
  (ヴェネツィア、イタリア)
- 137 『ポンペイの浴場』
  ドメニコ・モレッリ
  1861年、バルザン・コレクション
  (ミラノ、イタリア)
- 147 『再生』
  ジャン・デルヴィル
  1900年頃、個人蔵
- 150 『ミランダ(第1幕第2場)』
  ジョン・ウィリアム・ウォーターハウス
  1916年、個人蔵
- 154 『槍の一突き』
  ボエティウス・ア・ボルスヴェルト
  1631年
- 221 『四季(秋)』
  ジュゼッペ・アルチンボルド
  1563年、ルーヴル美術館
  (パリ、フランス)

写真クレジット

8下：©HIROSHI HIGUCHI/アフロ
11上：©akg-images/アフロ
11下：©Erich Lessing/K&K Archive/アフロ
13：©akg-images/アフロ
17：©New Picture Library/アフロ
18：©Heritage Image/アフロ
19：©akg-images/アフロ
20：©ALBUM/アフロ
23：©ALBUM/アフロ
24：©Mondadori/アフロ
27：©Erich Lessing/K&K Archive/アフロ
28：©Erich Lessing/K&K Archive/アフロ
29：©Alamy/アフロ
30：©Erich Lessing/K&K Archive/アフロ
33：©Erich Lessing/K&K Archive/アフロ
34：©Science Photo Library/アフロ
35：©Artothek/アフロ
39：©Erich Lessing/K&K Archive/アフロ
40：©ALBUM/アフロ
43：©Erich Lessing/K&K Archive/アフロ
44：©Erich Lessing/K&K Archive/アフロ
45：©Artothek/アフロ
46：©Erich Lessing/K&K Archive/アフロ
50：©Erich Lessing/K&K Archive/アフロ
53：©akg-images/アフロ
57上：©Yutoka / PIXTA
57中：©Yutoka / PIXTA
57下：©Yutoka / PIXTA
59：©Erich Lessing/K&K Archive/アフロ
60：©ALBUM/アフロ
63：©Heritage Image/アフロ
65：©Artothek/アフロ
66：©akg-images/アフロ
69：©akg-images/アフロ
70：©Steve Vidler/アフロ
71：©ALBUM/アフロ
75：©kg-images/アフロ
76：©akg-images/アフロ
79：©akg-images/アフロ
80：©Javier Larrea Roa/アフロ
83：©ALBUM/アフロ
84：©Erich Lessing/K&K Archive/アフロ

85：©Artothek/アフロ
86：©Artothek/アフロ
89：©akg-images/アフロ
91：©New Picture Library/アフロ
92：©akg-images/アフロ
94：©Mondadori/アフロ
99：©Artothek/アフロ
101：©Mary Evans Picture Library/アフロ
102：©akg-images/アフロ
104：©Heritage Image/アフロ
105：©akg-images/アフロ
107：©Erich Lessing/K&K Archive/アフロ
108：©Alinari/アフロ
109：©Javier Larrea Roa/アフロ
111：©akg-images/アフロ
117：©AWL Images/アフロ
118：©Rogelio Bernal Andreo
121：©AWL Images/アフロ
123：©Everett Collection/アフロ
125：©Everett Collection/アフロ
127：©熊博毅/アフロ
129：©手塚プロダクション
131：©深澤武/アフロ
133：©mauritius images/アフロ
137：©Heritage Image/アフロ
145：©ALBUM/アフロ
147：©akg-images/アフコ
149：©akg-images/アフコ
150：©Artothek/アフロ
152：©CuboImages/アフロ
154：©Heritage Image/アフロ
157：©アールクリエイション/アフロ
163：©SIME/アフロ
165：©Mondadori/アフロ
171：©高橋暁子/アフロ
179：©akg-images/アフロ
181：©Inge Johnsson/アフロ
186：©New Picture Library/アフロ
189：©Dorling Kindersley/アフロ
210下：©Biosphoto/アフロ
221：©Artothek/アフロ
225：©AWL Images/アフロ

そのほかは Adobe Stock、パブリック・ドメイン

小さなラテン語図鑑

2024年11月15日　第1刷発行
2025年 7月 1日　第2刷発行

監修　　　　中澤務（関西大学文学部教授）

編集・文　　石川守延（カルチャー・プロ）
写真　　　　アフロ、Adobe Stock、PIXTA
装丁　　　　公平恵美
DTP　　　　小澤都子（レンデザイン）

発行人　　　塩見正孝
編集人　　　神浦高志
販売営業　　小川仙丈
　　　　　　中村崇
　　　　　　神浦絢子

印刷・製本　株式会社シナノ

発行　　株式会社三才ブックス
　　　　〒101-0041
　　　　東京都千代田区神田須田町2-6-5
　　　　OS'85ビル3F
　　　　TEL：03-3255-7995
　　　　FAX：03-5298-3520
　　　　http://www.sansaibooks.co.jp/
　　　　mail　info@sansaibooks.co.jp

＊本書に掲載されている写真・記事などを無断掲載・無断転載することを固く禁じます。

＊万一、乱丁・落丁のある場合は小社販売部宛てにお送りください。送料小社負担でお取替えいたします。

©三才ブックス2024